suhrkamp taschenbuch 1166

Dolf Sternberger, geboren am 28. 7. 1907 in Wiesbaden, emeritierter ordentlicher Professor an der Universität Heidelberg, Publizist und Schriftsteller. Im Insel Verlag sind bisher sechs Bände seiner *Schriften* erschienen: Band I *Über den Tod*, Band II (in zwei Halbbänden) *Drei Wurzeln der Politik*, Band III *Herrschaft und Vereinbarung*, Band IV *Staatsfreundschaft*, Band V *Panorama oder Ansichten vom Neunzehnten Jahrhundert*, Band VI *Vexierbilder des Menschen*. Als Taschenbücher erschienen im Suhrkamp Verlag u. a. *Ich wünschte ein Bürger zu sein; Gerechtigkeit für das neunzehnte Jahrhundert, zehn historische Studien; Heinrich Heine und die Abschaffung der Sünde; Drei Wurzeln der Politik;* im Insel Verlag *Über Jugendstil*. Von älteren Büchern sind zu nennen *Figuren der Fabel; Gefühl der Fremde; Grund und Abgrund der Macht*.

Man hat Dolf Sternberger von kundiger Seite des öftern das Lob gespendet, er habe wie kaum ein anderer zur Wiederbelebung des Bürgerbegriffs im politischen Sinne des Wortes in Deutschland beigetragen. Davon zeugen auch die großen Reden und die gelehrten Arbeiten, die in diesem Band vereinigt sind.

Der Bürger kommt aus der Stadt, die Bürgerstadt ist geschichtlich zum Vorbild auch des modernen Bürgerstaates geworden. Der griechische Geschichtsschreiber Thukydides sagt: Es sind die Männer, die die Stadt ausmachen. Die Männer, das heißt die Bürger, nicht so sehr die Mauern oder die Bauten.

Aber die Stadt der Griechen ist nicht das einzige Urbild unserer Überlieferung. Dem abendländischen Symbol treten die morgenländischen, die biblischen, zur Seite: das sündige Babel und das himmlische Jerusalem.

Dolf Sternberger

Die Stadt als Urbild

Sieben politische Beiträge

Suhrkamp

Umschlagbild: El Greco, Toledo (Ausschnitt)

suhrkamp taschenbuch 1166
Erste Auflage 1985

Satz: IBV Satz- und Datentechnik GmbH, Berlin
Druck: Nomos Verlagsgesellschaft, Baden-Baden
Printed in Germany
Umschlag nach Entwürfen von
Willy Fleckhaus und Rolf Staudt

1 2 3 4 5 6 – 90 89 88 87 86 85

Im Gedenken an
Heinz-Winfried Sabais,
Dichter und
Bürgermeister

Inhalt

Vorwort

Diese Sammlung umfaßt vier Reden, zwei Essays und eine Abhandlung. Die sieben Beiträge entstammen auch verschiedenen Zeiten. Dennoch stehen sie untereinander in einem stimmigen Zusammenhang. Die Bremer Rede zeigt drei Urbilder der Stadt, wie sie unsere orientalisch-abendländische Überlieferung mit sich führt. Sie endigt mit der antiken Bürgerstadt. Die Frankfurter Rede gibt ein neuzeitliches Beispiel bürgerlicher Wirksamkeit innerhalb der Stadt. Die Darmstädter Rede führt in die Gegenwart und untersucht die gesellschaftliche Hauptbedingung der politischen Gestalt der Stadt, das Verhältnis zwischen Bürgertum und Bürgerschaft. Der Essay, den ich zum Gedenken an Hannah Arendt schrieb, kehrt zu dem antiken Urbild zurück, wie es sich ihrem leidenschaftlichen Geiste darbot, nämlich als verloren, als unwiederbringlich. In dem nachfolgenden Beitrag versuche ich, eine erste Antwort darauf zu geben, er handelt von der Wahrnehmung, daß gewisse urbildliche Züge gerade im modernen Staat wiederzuerkennen sind. Der akademische Vortrag über Marsilius von Padua führt das erregende Exempel eines Denkers vor, der es unternahm, die Kategorien des antiken Urbilds der Bürgerstadt dem ungefügen Riesen-Gebilde des mittelalterlichen Reiches aufzuzwingen. Es ist die früheste Vision eines Bürgerstaates, die in der nachantiken Welt entworfen worden ist. Den Beschluß macht wiederum eine Rede. Darin ahme ich gleichsam das Beispiel des Marsilius nach und setze den Typus des modernen Verfassungsstaates mit dem antiken Urbild in Beziehung, wie Aristoteles es gezeichnet hat. Diese Stadt war zugleich Staat, und so können wir darin ein philosophisches Richtmaß aller Staatlichkeit erkennen. Der Sinn der Beiträge ist, in den Verwandlungen die alte Spur wiederzufinden – und auch, ihr zu folgen.

Der unvergeßliche Mann, dessen Gedächtnis ich dieses Buch widme, ein hoher und freudiger Geist, war ein Kenner und Liebhaber der Stadt in Theorie und Praxis. Er war Oberbürgermeister von Darmstadt zu der Zeit, als die Sechshundertfünfzig-Jahr-Feier begangen wurde. Bei diesem Festakt haben wir ihn zum letzten Mal in der Öffentlichkeit gesehen und gehört. Er schloß seine Ansprache mit Grüßen an die Stadtbürger des Jahres Zweitausendunddreißig, die das nächste große Jubiläum begehen würden, und beschwor sie, das kostbare Erbe zu hüten, in der Stadt und im Staate.

Anfang Februar 1985 Dolf Sternberger

Rede über die Stadt, gehalten in Bremen

Der Mensch ist ein städtisches Wesen, sagt Aristoteles. Wenigstens läßt sich sein berühmter, so einfacher, so kühner und so tiefsinniger Satz vom Zoon politikon so übersetzen. Es ist sogar eine wörtliche Übersetzung, vielleicht eine allzu wörtliche. Denn die Polis, das ist die Stadt, und das Politikon also das Städtische. »Politik« bedeutet im Ursprung nichts anderes als die Gesamtheit alles dessen, was die Stadt betrifft. »Der Mensch ist ein städtisches Wesen« – eine allzu wörtliche Übersetzung ist es aber deswegen, weil diese griechische Stadt, die der Philosoph im Auge hat – etwa Athen, Sparta, Korinth, vor allem aber Athen – nicht bloß irgendeine Ansiedlung, nicht bloß eine Häuserversammlung und Menschenhäufung, nicht nur ein Wohn- und Arbeits- und Vergnügungsort, auch nicht bloß eine Festung, ein Handelsplatz, ein Kultzentrum ist, gar bloß eine gesellschaftliche Verdichtung von auffälligen Dimensionen, sondern vielmehr außerdem und zugleich ein Staat, eine selbstgenügsame, sich selbst unter eigenen Gesetzen regierende und verwaltende und sich selbst verteidigende, eine organisierte Gemeinschaft von Bürgern. Daher man das Zoon politikon ebensogut übersetzen kann und übersetzen muß als das »staatliche Wesen«. Die Stadt ist hier der Staat, und der Staat ist die Stadt. Man hat das zwar auf der Schule gelernt oder auf der Universität gehört, aber es ist doch nicht leicht zu begreifen, deswegen, weil es unter unseren modernen großstaatlichen Verhältnissen kaum irgendwo noch einer wirklichen Erfahrung entspricht, daher auch kaum irgendwo noch ein vertrautes eigenes Gefühl erweckt, wie es doch zum Verständnis allemal nötig ist. Kaum irgendwo, sage ich, nicht: nirgendwo. Denn diese Stadt, Ihre Stadt Bremen, meine Damen und Herren, macht da eine Ausnahme, denke ich. Sie haben eine eigene Verfassung, und in dieser Verfassung ist klipp und klar und einfach vom bremischen Staat die Rede: Der Ausdruck sticht hervor, er ist selten, Hamburg zum Beispiel nennt sich nur »Land« – der bremische Staat, heißt es, führe den Namen »Freie Hansestadt Bremen«. Allerdings steht auch geschrieben, dieser Staat sei »ein Glied der deutschen Republik«. Diesen zweiten Teil des Artikels 64 Ihrer Verfassung mag man etwas leiser sprechen und etwas kleiner schreiben als den ersten, er läßt sich doch nicht ganz verheimlichen. Gleichwohl bleibt es dabei, diese Stadt Bremen ist ein

Staat, wenn auch kein souveräner, und darum gehört sie, nehme ich an, zu den wenigen Orten in dieser heutigen Welt, an denen man versteht und empfindet oder doch verstehen und empfinden kann, daß die Stadt der Staat und der Staat die Stadt sei oder einmal gewesen sei, und daß man den aristotelischen Ausdruck Zoon politikon ebensogut als das städtische Wesen wie auch als das staatliche Wesen übersetzen kann. Arnold Toynbee, der große Historiker, nennt (in einem Buche über die Stadt) als einzige souveräne Stadtstaaten der heutigen Welt Singapur und San Marino, jenes als eine bedeutende Gründung, dieses als ein kurioses Relikt. Er nennt auch die Schweizer Stadtkantone – Bern, Zürich, Basel-Stadt und Genf –, die in der Eidgenossenschaft eine mächtige Rolle spielen, und er nennt die zwei Stadt-Länder der Bundesrepublik Deutschland, diese ohne nähere Bezeichnung ihrer Art und ihres Ranges. Ich möchte mir erlauben, hinzuzufügen, daß Bremen und Hamburg uns in dem Ensemble der Bundesglieder teuer, ja unentbehrlich sind in ihrer ererbten Selbständigkeit und daß ich es als einen schweren Verlust an politischer – und das heißt: an bürgerlicher – Kraft und Substanz beklagen würde, wenn sie eingeebnet würden, mögen die Motive der Länderreformer noch so ehrenwert und ihre Zwecke im ökonomischen und finanzpolitischen Sinne noch so dringlich sein. Übrigens gibt es noch einen dritten Stadtstaat in Deutschland – dieser ist so wenig ein historisches Denkmal, daß seine Entstehung überhaupt erst diesem zwanzigsten Jahrhundert geschuldet wird und gewiß nicht einem freien Willen der Selbstbestimmung, sondern der Hybris und den Zerstörungen dieses Jahrhunderts: Berlin, Westberlin ist das Erzeugnis der Zertrümmerung eines Nationalstaates, eine Reichshauptstadt ist zu einem Teil zur Stadtrepublik erst geworden, aber es mag uns und den Berliner Stadtbürgern immerhin tröstlich sein, daß dieser jüngste Zuzug im Kreise der Stadtstaaten, wie unselig auch entstanden, wie schmerzhaft an seiner Schnitt-Wunde leidend, in seiner jetzigen Gestalt doch einer großen und teuren Überlieferung sich anschließen kann, sich angeschlossen hat.

Ich habe mich nicht so sehr von meinem Ausgangspunkt entfernt, wie es scheinen mag. Die antike Erinnerung der Polis ist in dieser Stadt Bremen gegenwärtig, nicht die hellenische so sehr, wohl aber die römische. Vor Jahren habe ich an einer der Eingangstüren dieses Ihres Rathauses die Inschrift entdeckt: SPQB – Senatus Populusque Bremensis –, und ich gestehe gern, daß mich bei dieser

Wahrnehmung ein Entzücken durchfuhr: daß da im germanischen Norden ein Zeugnis derjenigen Überlieferung mit Augen zu sehen und mit Händen zu greifen war, der wir letzten Endes Staatlichkeit und Verfassungswesen überhaupt verdanken. Ein Band wird da sichtbar, das Bremen mit dem alten Rom und das Zeitalter der Großstaaten, der Groß- und Supermächte mit demjenigen der römischen Republik verknüpft, mit jener Stadt, die ein Reich gegründet und regiert hat. Sie bewahren dieselbe Erinnerung in dem Namen Ihrer regierenden Körperschaft, des Senats (das haben Sie mit den Vereinigten Staaten von Amerika gemeinsam). Und auch der Name »Bürgerschaft« führt diese große Tradition mit sich, denn die Bürgerschaft entspricht wörtlich genau der lateinischen Civitas, der Ausdruck ist überhaupt aus »civitas« übersetzt und aus dem Lateinischen entlehnt. Und das sind keine antiquarischen Quisquilien. Es lohnt sich, es bedeutet etwas, diese Erinnerungen aufzurufen. Die Polis und die Civitas, das Politische und das Zivile, diese bedeutungssatten, geschichtsmächtigen, diese großen Wörter, die all unser öffentliches Reden und Denken so tief und breit durchdringen, sie nehmen ihren Ausgang, haben ihre historische und sprachliche und institutionelle Heimat nirgend anders als in der Stadt. Und zwar nicht in der Königsstadt oder der Gottesstadt, sondern in der Bürgerstadt, jener einzigartigen gesellschaftlichen Organisation, wo man, wie wiederum Aristoteles sagt, im Wechsel regiert und sich regieren läßt. Daher auch läßt sich den zwei Übersetzungen des Zoon politikon, die ich zuvor angeführt habe – das städtische Wesen und das staatliche Wesen – eine dritte hinzufügen, und diese ist es eigentlich, die am genauesten trifft: Der Mensch ist ein bürgerliches Wesen.

»Von Natur«, sagt Aristoteles, sei er das und also der städtische, staatliche, bürgerliche Zustand, die städtische, staatliche, bürgerliche Lebensweise sein eigentlicher Naturzustand. Ein kühner Satz. Und es hätte den Aristoteles gewiß wenig angefochten zu hören, die Stadt sei gerade kein Naturerzeugnis, sondern eine Erfindung, nur ein paar tausend Jahre alt, denn er würde antworten, so habe der Mensch doch endlich das erfunden oder gefunden, was seinem eingeborenen Wesen am meisten entspreche, wenn er zuvor auch lange im dunkeln getappt habe. »Die kostbarste kollektive Erfindung ist die Stadt, einzig der Sprache selber steht sie nach in ihrer Fähigkeit, Kultur auszubreiten« – so heißt es in dem schönen Buche des amerikanischen Schriftstellers Lewis Mumford über die »City in History«. Und ich möchte hinzusetzen, daß eben die Bürgerstadt, die Stadtrepublik, wie Aristoteles sie meinte und wie zu Zeiten Athen und das klassische Rom sie verwirklicht haben, wiederum die kostbarste Erfindung unter allen Typen und Mustern der vielgestaltigen Stadt darstellt.

Die kostbarste, doch nicht die älteste. Ein Urbild zwar, doch nicht das einzige. Denn von Urbildern der Stadt rede ich, nicht so sehr von Bildern oder Ansichten, wie sie drüben in der Ausstellung zu sehen sind. Obgleich auch diese Urbilder oder Urgestalten der Stadt immer zugleich auch schon Ansichten von der Stadt sind. Denn die Stadt ist immer ein Begriff des Denkens, ein Ziel des Planens, ein Traum der höchsten Hoffnung und auch ein Gegenstand des leidenschaftlichen Hasses gewesen, Utopie der Ordnung und des Heils wie Dämonie des Abscheus und des Unheils. Es gibt noch andere Urbilder: ein Urbild der Glorie und ein Urbild der Verdammnis: Jerusalem und Babylon sind ihre Namen. Die Stadt Gottes und die Stadt des Satans.

»Jerusalem, du hochgebaute Stadt / Wollt Gott, ich wär in dir«, heißt es im Kirchenliede. Es ist denkwürdig: das erste Paradies, das Paradies des Anfangs und Ausgangs, war als ein Garten vorgestellt, als schöne, freundliche Wildnis, da man Früchte pflückt, wie sie wachsen (nur eine war verboten), und Gott erging sich in dem Garten, wie es heißt, als der Tag kühl geworden war. Das zweite Paradies aber, das Paradies des Zeit-Endes, der glücklichen Ankunft, hat eine ganz andere, ja entgegengesetzte Gestalt: die der Stadt. Das Ewige Leben ist ein städtisches. Es ist ein Paradies der Kultur, ein Bauwerk, ein Gebilde nicht der Wildnis, sondern der Ordnung, die heilige Stadt auf dem Berge, darin alle Erlösten versammelt sind, auch der heilige Staat, Civitas Dei, nicht Republik freilich, sondern unter einem Herrscher, Gott. So jedenfalls hat es der Visionär entworfen, der unter dem Namen Johannes in krassen und krausen und gleichsam wetterleuchtenden Bildern seine Offenbarung, seine Apokalypse der Ereignisse der Endzeit niedergeschrieben hat. »Und ich, Johannes, sah die heilige Stadt, das neue Jerusalem von Gott aus dem Himmel herabfahren, bereitet als eine geschmückte Braut ihrem Manne.« Der Apokalyptiker des Neuen Testamentes war nicht einmal der erste, der diese Vision hatte, daß am Ende der Zeiten, unter dem neuen Himmel und auf der neuen Erde, nach den schrecklichsten Kriegen und als bleibendes Erzeugnis der großen Veränderung, die da mit der Menschheit vorgehen würde, eine Stadt, eine einzige Stadt, die Stadt schlechthin sich erheben würde als Ort und Symbol des Friedens der Erlösung, sondern er hat nur aufgenommen, was lange vor ihm schon Propheten des Alten Testamentes geweissagt hatten, vor allem Jesaja: »Es wird zur letzten Zeit der Berg, da des Herren Haus ist, fest stehen, höher denn alle Berge und über alle Hügel erhaben, und werden alle Heiden herzulaufen und viele Völker hingehen.« Der Apokalyptiker Johannes hat nur die Ausschmückung hinzugetan, daß das neue Jerusalem kein Menschenwerk sein werde, sondern eine übernatürliche Wundertat, gleichsam ein Zauber- und Märchenschloß, indem es von Gott aus dem Himmel herabfahren werde. Der alte Prophet hingegen scheint es eher mit der Dauerhaftigkeit der bestehenden Stadt zu halten, der er weissagt, daß sie alle Belagerungen und Verwüstungen überstehen werde – womit er denn in einem ganz diesseitigen und empirischen Sinne erstaunlich recht behalten hat. Die Stadt Jerusalem steht und besteht wahrhaftig bis auf unseren Tag. Und Jesaja hat wie kein anderer diejenige Leistung der Stadt beschworen und besungen, die im welthistorischen Sinne von ihrem umgrenzten Bezirk ausgegangen ist: das Friedensgebot, den Burgfrieden, den Stadt- und Marktfrieden, den Frieden, der in Tat und Wahrheit im Inneren der Stadt seine erste gesetzliche Stätte hatte. »Ich will«, läßt Jesaja Gott sprechen, »ich will zu deiner Obrigkeit den Frieden machen und zu deinen Vögten die Gerechtigkeit.«

Dieses Bild der heiligen Stadt auf dem Berge, der Stadt Gottes und freilich auch seiner zahlreichen Priester und Tempeldiener – dieses unser zweites Urbild, dieser Archetyp also hat, wie die Kenner versichern, in der Geschichte des Städtebaues eine lange und tiefe Wirkung gezeigt, zumal im europäischen Mittelalter, von dem ein französischer Gelehrter unserer Zeit gesagt hat, seinem »religiösen Urbanismus« (urbanisme religieux) liege durchgängig das Modell der Stadt Gottes zugrunde. Noch heute können wir verbliebene Zeugnisse dieser Art, Priester-, Bischofs- und Klosterstädte, auch in unserem Land gewahren – nicht allein in Frankreich oder in Italien –: Bamberg ist in Deutschland vielleicht das reinste Beispiel und in meiner Heimat auch das kleine Montabaur auf dem Westerwald. Beim Anblick solcher Städte meinen wir, wenn wir das Auge dafür öffnen, noch immer einen Schauer und Schimmer der Verheißung zu empfinden, wie sie an dem biblischen Jerusalem haftet, der hochgebauten Stadt.

Aber der urbildlichen Gottesstadt – ich habe es schon angedeutet – korrespondiert in der prophetischen und apokalyptischen Literatur die böse Stadt, das dämonische Ungetüm, das Sündenbabel, die Hure Babylon. Die Stadt ist weltgeschichtlich, religionsgeschichtlich, kulturgeschichtlich ebenso oft und ebenso mächtig als Inbegriff allen Lasters wie als Zeichen und Gefäß aller Heiligkeit aufgefaßt worden. Sie kennen jene andere Vision aus der Apokalypse des Johannes: »Und ich sah ein Weib sitzen auf einem scharlachfarbenen Tier, das war voll Namen der Lästerung und hatte sieben Häupter und zehn Hörner. Und das Weib war bekleidet mit Purpur und Scharlach und übergoldet mit Gold und edlen Steinen und Perlen und an ihrer Stirn geschrieben ein Name, ein Geheimnis: Die große Babylon, die Mutter der Hurerei und aller Greuel auf Erden.« Auf griechisch: Hē mētēr tōn pornōn. Und die Auflösung des allegorischen Rätsels, wie der Engel sie dem Seher und Schreiber erklärt, gipfelt in dem Satze: »Und das Weib, das du gesehen hast, ist die große Stadt, die das Reich hat über die Könige auf Erden.« Auch hiervon war vieles schon in den prophetischen Büchern des Alten Testamentes vorgeprägt, so vor allem die Merkwürdigkeit, daß die Stadt als Weib allegorisiert ist, die böse Stadt als Hure, wie die gute Stadt – Sie haben es zuvor schon bei der Prophezeiung des neuen Jerusalems gehört – als Braut Gottes: so daß hier die Ausschließlichkeit der Ehe als ein Zeichen der Treue zu dem einen angestammten Gott, dort aber die ausschweifende Wahllosigkeit der Prostitution im Bilde mitgedacht wird. Das mag bei den Städten, auf die die Propheten ihren Zorn ergossen haben, Tyrus und Ninive und Babylon selbst, auf die Religionen und Kulte gemünzt sein, die die treugläubigen Anhänger Jahves als Götzendienst verabscheuten, auch auf die Tempelprostitution, die dort vielfach herrschte, wird aber im Fall der Apokalypse des Johannes – es tut mir leid, ich kann das nicht ganz verschweigen – von den Gelehrten vorwiegend auf den Handelsverkehr bezogen. Dieses große Babylon ist das Urbild der unheiligen Stadt unter anderem des Handels wegen – wie es denn auch von ihr heißt, daß sie »an vielen Wassern sitzt«, und wie es auch zu dem Reichtum stimmt, der in der luxuriösen Kleidung und dem übermäßigen Schmuck dieses Weibes symbolisiert ist. Die feindliche Entgegensetzung von Jerusalem und Babylon drückt so auch etwas aus von dem Gegensatz zwischen Landstadt und Wasserstadt, zwischen den Viehzüchtern hier, den Handelsleuten dort, zwischen der gesetzestreuen Frugalität der einfachen Sitten hier und dem Luxus des universalen Genusses dort, natürlich auch zwischen Monotheismus und Vielgötterei und schließlich zwischen beharrender Seßhaftigkeit und mobiler Teilnahme am Weltverkehr »mit den Heiden und vielen Völkern« und aller ihrer Verlockung zur Fremden-Freundschaft, zur Vermischung, zum Wechsel und Wandel der Gesinnungen, all ihrer Gefahr des Charakter-Verlustes im schweifenden Kosmopolitismus. Diese Propheten und Seher Israels und des frühesten Christentums hielten nicht viel vom »freien Austausch der Ideen«, von der geistigen Freizügigkeit, die uns Heutigen so teuer ist, die wir sehr im Unterschied zu ihnen als fundamentales Erfordernis des Friedens betrachten und deswegen weltweit durchzusetzen bestrebt sind. Sie waren Fürsprecher, ja Eiferer der »Abgrenzung« und gerade nicht der Kommunikation.

Und sie begnügten sich nicht mit der Verfluchung. Diese Propheten der Gottesstadt schwelgen in Visionen und Weissagungen der Stadt-Zerstörung. Es ist kaum eine Übertreibung, wenn ich sage, daß die Bibel mindestens ebenso oft von vernichteten Städten, von Stadtuntergängen berichtet, ja schwärmt, wie sie sich für die Glorie Jerusalems, des alten wie des neuen und künftigen Jerusalems oder Zions begeistert. Wollten wir uns auf diese eine Quelle, die Bibel, konzentrieren, so müßten wir geradezu ein weiteres Urphänomen zu den bisherigen fügen: das Urbild – Drohbild – Strafbild – der zerstörten Stadt. Oft handelt es sich dabei natürlich um Kriegsberichte, nicht selten aber auch um Haßphantasien von apokalyptischem Charakter. So eben zum Beispiel in der Endzeitvision des Johannes vom Untergang der großen Babylon: »Darum werden ihre Plagen auf einen Tag kommen: Tod, Leid und Hunger; mit Feuer wird sie verbrannt werden; denn stark ist Gott der Herr, der sie richten wird.« Und es ist bezeichnend, welche Figuren, welche Chöre dieser Seher auftreten läßt, den Untergang der großen Stadt zu beklagen: Es sind die Könige, die Kaufleute und die Schiffsherrn, womit die politische und ökonomische Stellung und Wesensart dieses allegorischen Babylons deutlich definiert ist. Großartig ist die Klage der Kaufleute mit ihrem poetischen Warenkatalog: »Und die Kaufleute auf Erden werden weinen und leidtragen über sie, weil ihre Ware niemand mehr kaufen wird, die Ware des Goldes und Silbers und Edelgesteins und die Perlen und köstliche Leinwand und Purpur und Seide und Scharlach und allerlei wohlriechendes Holz und allerlei Gefäß von Elfenbein und allerlei Gefäß von köstlichem Holz und von Erz und von Eisen und von Marmor und Zimt und Räucherwerk und Salbe und Weihrauch und Wein und Öl und Semmelmehl und Weizen und Vieh und Schafe und Pferde und Wagen und Menschen-Leiber und Menschen-Seelen.« Die Stadt, die der Seher Johannes wohl eigentlich gemeint hat mit dem Geheimnis des Namens Babylon, nämlich Rom, die Stadt, die wahrhaftig »das Reich hatte über die Könige auf Erden«, diese Stadt Rom ist allerdings nicht untergegangen, trotz Vandalen und Goten und was alles hinterdrein kam im Gange der Jahrhunderte bis herauf zum zweiten Weltkrieg. Rom bezeugt die Dauerhaftigkeit der Städte nicht weniger als Jerusalem. Rom erfuhr das paradoxe Schicksal, daß die Gemeinde eben jenes starken Gottes, der sie nach der Beschwörung des Johannes in einem Tage, ja in einer Stunde vernichten sollte, darin ihr Herrschaftszentrum aufgerichtet hat, daß sie von neuem zur Tempelstadt geworden ist, aus einem anderen Babylon zu einem anderen Jerusalem.

Diese Dauerhaftigkeit der Städte! Die Reiche steigen und stürzen, die Regimes und Staaten kommen und gehen, die Städte bleiben. Das wirkliche Babylon zwar ist lange verschwunden wie Troja, wie Karthago. Rom hat die Vernichtung in einer Stunde nicht erfahren, die der Apokalyptiker auf sie herabwünschte. Aber in unserer eigenen Zeit – müssen wir nicht bei diesem ungeheuren Thema auch ihre Ungeheuerlichkeiten ins Gedächtnis rufen! – in unserer Zeit ist solche Vernichtung im Feuer möglich und wahr geworden, von Warschau und Rotterdam und Coventry bis Dresden und Frankfurt und Berlin, von Hamburg bis Hiroshima: Ganze Städte wurden, wie ein amerikanischer Autor gesagt hat, in Vernichtungslager verwandelt. Aber derselbe Autor hat auch die Bemerkung angefügt, daß die gesamte Rehabilitierung der Städte Europas nach dem zweiten Weltkrieg in weniger als einem dutzend Jahren vollzogen worden ist. Keine von ihnen ist aufgegeben worden. Selbst die Ruinen behielten eine Anziehung. Die Flüchtigen, die Überlebenden kehrten zurück. Da und dort hat man das Alte getreulich wiederhergestellt. Häufiger und weitherum sind neuartige Citys entstanden, Verwaltungstürme in den Zentren, Wohnungsgebirge in den Randzonen. In die Erörterung dieser neuen, babylonisch-amerikanischen Bau-Gestalten oder -Ungestalten kann und will ich jetzt nicht eintreten. Auch nicht ihrer anderen Sünden und Plagen: der tief einschneidenden Zertrennung des Tageslaufs und Lebenszusammenhanges von Arbeit und Häuslichkeit, der Verkehrserstickung, der Abbruchswut und des Spekulationsfiebers, der Verwahrlosung und der neuen Slums, der kriminellen und politischen Unterwelt, des Gangster- und Rockertums, der Subkulturen und Sub-Barbareien. Wir mögen, indem wir den Zustand unserer Städte betrachten, uns öfter an das Urbild der Hure Babylon erinnert finden als an dasjenige der Stadt Gottes. Aber – wiewohl wir die Schrecken und die Opfer der Stadtzerstörungen nicht vergessen können, so müssen wir doch von neuem und aus unserer eigenen Erfahrung erstaunen über die Dauerhaftigkeit der Städte und der Stadt als solcher. Und wir können denen nicht zustimmen, die den modernen Stadtbewohnern die Heimatgefühle absprechen oder sie um ihren Mangel an Heimat beklagen. Es gibt kein stärkeres Zeugnis des eigentümlichen städtischen Heimatgefühles als die Geschichte jener Wiederaufbauten nach den radikalen Vernichtungen des zweiten Weltkrieges.

Die Stadt ist unser Schicksal. Sie breitet sich tagtäglich weiter aus, im einzelnen wie im ganzen. Heute wohnt, wie man berechnet hat, fast die Hälfte aller Menschen auf der Erde in Städten. Schon in naher Zukunft, meint Toynbee, werde der normale Mensch ein Stadtbewohner sein. Die Städte dehnen sich aus und indem zerfließen sie auch, wachsen ineinander; Mauern und Türme sind längst geschwunden, die alten Mittelpunkte und Merkzeichen, Kirche, Rathaus, Markt, Wache, Börse sinken zu verzwergten Sehenswürdigkeiten herab, die mehr von den Touristen als von den Einwohnern wahrgenommen werden, die Dome werden von Bürohochhäusern übertrumpft, Schnellbahn-Tunnels unterwühlen, Brükkenstraßen überschwingen das »Dickicht der Städte«; die Urbanisierung droht ins Abstrakte bloßer Ballungsräume zu geraten, die technokratische Regionalplanung greift auf ganze Städte-Komplexe aus, die Lokalverwaltungen scheinen vielfach ohnmächtig, kaum eine Stadt vermag aus eigener Kraft zu leisten, was auf ihrem Gebiet erfordert wird.

Wie auch immer: Es müssen und werden »bürgerliche«, »politische« Vereinigungen und Einheiten bleiben, alte werden sich elastisch behaupten, neue übergreifende sich bilden. Sie verstehen, ich spiele auf das erste unserer drei Urbilder an, auf die autonome Stadt des Altertums, auf ihre Selbstverwaltung, auf die Republik, die Stadt als Republik. Es ist die menschliche Stadt, nicht die göttliche Stadt und auch nicht die dämonische Stadt. Wir werden und wollen – und können – die Stadt nicht heiligen. Wir werden und wollen sie auch nicht den Dämonen ausliefern. An der menschlichen Stadt haben wir zu arbeiten.

Andres gar polis, lautet ein lapidarer Satz des großen Geschichtsschreibers Thukydides. Zu deutsch: Es sind die Männer, die die Stadt ausmachen.

Über den Bürgersinn

Rede in Frankfurt

Meine Damen und Herren, die Sie hier festlich versammelt sind, ich muß es noch einmal sagen: Es ist ein erstaunliches Jubiläum, das wir hier begehen und zu dem wir hier unsere Glückwünsche darbringen. Ein Verein wird heute hundertfünfzig Jahre alt, ein bürgerlicher Verein: die »Frankfurtische Gesellschaft zur Beförderung nützlicher Künste und deren Hülfswissenschaften« oder – wie sie sich ursprünglich und dann wieder später nannte – die »Polytechnische Gesellschaft«. Unsere Bundesrepublik, der heutige Staat Deutschland, ist siebzehn Jahre alt, unser Land Hessen ist in seiner jetzigen Gestalt gerade zwanzig Jahre alt. Einen deutschen Bundesstaat überhaupt, der mit einer Zentralregierung ausgestattet ist, können wir, wenn wir von allen Veränderungen des Gebietes und allen Umwälzungen der inneren Verfassung absehen, allenfalls erst von 1871 datieren, er wäre also fünfundneunzig Jahre alt. Und hier ist ein einfacher bürgerlicher Verein, der älter ist als alle diese unsere staatlichen Lebensformen, dem gegenüber sich diese unsere Staatlichkeit in ihren verschiedenen Ausprägungen geradezu als kurzlebig – als unselig kurzlebig – ausnimmt; der sich nach seinem Namen und seiner Art und auch nach den Hauptinstitutionen, die er sich selbst gegeben oder die er ins Leben gerufen hat, in all dieser Zeit im Grunde gleichgeblieben ist, wie sehr auch geistesgeschichtliche, kulturgeschichtliche, sozialgeschichtliche Wandlungen unvermeidlich sich in der Richtung seiner Tätigkeit niedergeschlagen haben mögen. Ein erstaunliches Alter, eine erstaunliche Dauerhaftigkeit für einen Verein! Denn bei diesem Wort und bei diesem Begriff »Verein« denken wir uns doch im allgemeinen eher ein vergleichsweise flüssiges und flüchtiges gesellschaftliches Gebilde, und kaum einer würde so leicht auf den Gedanken verfallen, einem Verein – einem bürgerlichen Verein – hinsichtlich seiner Lebenserwartung und hinsichtlich seiner Dauerhaftigkeit den Vorrang vor dem Staate zu geben. Dieser Verein ist aber älter als irgendein Staatsverband, worin wir heute leben. Am 24. November 1816 war seine erste Sitzung. Diese Initiative kam also nicht lange nach dem Wiener Kongreß, der das Großherzogtum Frankfurt liquidiert und die Freie Stadt Frankfurt als ein autonomes Glied des Deutschen Bundes ins Leben gerufen hatte.

Es war die Metternich-Epoche. Es kam die große liberale Bewegung, an der dieser Verein übrigens einen gewissen Anteil hatte; es kam die 48er Revolution, der Aufschwung und der Niedergang der Nationalversammlung in der Paulskirche, im selben Jahr übrigens das Kommunistische Manifest; es kam die sogenannte Reaktion, der Auftritt Bismarcks, der Norddeutsche Bund, es kam die Arbeiterbewegung, der Allgemeine Deutsche Arbeiterverein – später die Sozialdemokratische Partei –, die Preußen siegten über Dänemark, dann über Österreich; sie nahmen Frankfurt, die Freie Stadt ging unter, sie wurde einer preußischen Provinz einverleibt und dem Regierungspräsidenten in Wiesbaden unterstellt; es kam der Deutsch-Französische Krieg, die Gründung des Kaiserreiches, das weniger als fünfzig Jahre gedauert hat, der Erste Weltkrieg, die russische Revolution, der Sturz des Kaisers und aller Könige und Fürsten in Deutschland, die Republik von Weimar – und die »Frankfurter Gesellschaft zur Beförderung nützlicher Künste und deren Hülfswissenschaften« lebte immer noch. Überlebte alle diese Ereignisse, Veränderungen und Erschütterungen. Sie hat auch Hitler überlebt, wenngleich nur knapp und mühsam und unter beträchtlichen Verwundungen und Amputationen, nicht allein materieller Art. Und heute wird sie hundertfünfzig Jahre alt. Und obendrein ist es heute das erste Mal, daß sie ein bedeutendes Jubiläum überhaupt öffentlich begeht. Das fünfzigste fiel in die Zeit der preußischen Okkupation, das hundertste fiel in den Ersten Weltkrieg, erst das hundertfünfzigste fällt in eine Friedenszeit, und auch das ist bemerkenswert und eines dankbaren Gedankens wohl wert, ja geradezu eines Aufatmens.

Nein, kein Staatsverband auf unserem Boden hat das durchgehalten, was dieser simple bürgerliche Verein durchgehalten hat, keine unserer Parteien hat ein solches Alter aufzuweisen, auch keiner unserer gesellschaftlichen Verbände, keine Gewerkschaft, kein wirtschaftlicher Zusammenschluß, keine unserer Zeitungen, nicht einmal die Frankfurter Zeitung. Man muß schon ganz andersartigen sozialen Gebilden den Blick zuwenden, um Vergleichbares wahrzunehmen, zum Beispiel den Städten, der Stadt Frankfurt selbst, oder den Kirchengemeinden. Diese Beispiele führen uns denn freilich in andere, weitere und tiefere historische Dimensionen. Man mag von einzelnen Menschen sagen, das physische Alter sei noch kein Verdienst; im Falle eines gesellschaftlichen Gebildes aber, eines sozialen Wesens, das der freien Entschließung seine Entstehung und der gemeinnützigen Tätigkeit von Generationen seine fortdauernde Wirksamkeit verdankt, das aus dem Bürgersinn lebt, in einem solchen Fall ist das Alter ein Verdienst, oder – besser gesagt – in einem solchen Fall beruht das Alter auf Verdiensten.

Von Vereinen denken wir im allgemeinen nicht übermäßig hoch – ich habe das schon angedeutet –, heute jedenfalls. Der Staat gilt mehr, die Stadtverwaltung gilt mehr, sie hat mehr Macht, der Staat hat mehr Macht. Diese Ansicht hat nicht immer so gegolten. Das neunzehnte Jahrhundert, das wir so weit hinter uns und so tief unter uns gelassen haben oder gelassen zu haben uns einbilden, dieses neunzehnte Jahrhundert ist das Heldenzeitalter der bürgerlichen Vereine – und nicht nur deswegen, weil die Turnvereine, die Gesangvereine, die Schützenvereine, die Burschenschaften (das sind auch Vereine) und der Nationalverein, weil alle diese Zusammenschlüsse Gefäße der freiheitlichen Bewegung und der deutschen Einigungsbestrebungen gewesen sind, wie man aus den Werken unserer Historiker weiß, die um die deutsche Frage kreisen. Ich meine die »deutsche Frage« des vorigen Jahrhunderts, die ältere deutsche Frage, nicht die neue. Sehr lange schon gibt es eine deutsche Frage und noch immer keine rechte deutsche Antwort – oder wenn schon einmal eine Antwort, so wird sie alsbald wieder in Frage gestellt, und zwar von uns Deutschen. Diese nationalhistorische Ansicht von der Bedeutung der Vereine des neunzehnten Jahrhunderts hat erstens von jeher nur einen begrenzten Ausschnitt aus der ganzen Fülle dieser Gründungen, Bildungen und Wirkungen aufgefaßt und hat auch dies zweitens nur im Hinblick auf den Staat, den Nationalstaat, und allenfalls auf die Staatsverfassung und ihren Geist der Erörterung für würdig gehalten. In diesem Lichte erscheinen die Vereine, nämlich die patriotischen, die liberalen und die nationalen und die nationalliberalen Vereine, gleichsam nur als die Schrittmacher und Zutreiber des staatlichen Zusammenschlusses. Ich sage nicht: als Werkzeug der »Politik« oder der politischen Einigung, denn die Politik besteht nicht bloß aus dem Staat und aus dem Verkehr der Staaten. Der Staat ist ein politisches Phänomen unter anderen – und ein gemeinnütziger bürgerlicher Verein ist an sich selber auch ein politisches Phänomen. Er wird es keineswegs erst dadurch, daß er für den Staat oder die weitergreifende staatliche Formierung wirkt. Aber darauf will ich später noch einmal zurückkommen.

Die Vereine des neunzehnten Jahrhunderts haben ihr Gewicht in sich selbst, auch ganz abgesehen von der Bedeutung einiger Vereinstypen für die Formierung und die Gestalt des Nationalstaates. Zudem gab es ja auch ganz anders gerichtete Vereine. Was sind die Gewerkschaften im Kern und Ursprung denn anderes als Vereine? In der älteren Literatur heißen sie auch geradezu »Berufsvereine«, und dieser Name begegnet uns noch bei Heinrich Herkner, dem Historiker der sozialen Bewegung, in seinem berühmten Buch über die »Arbeiterfrage«. Der Vorläufer der Sozialdemokratischen Partei, Ferdinand Lassalles »Allgemeiner Deutscher Arbeiter-Verein«, bezeugt diesen seinen Vereinscharakter schon in seinem Namen, und eben dieser Name deutet darauf, daß man auch durchaus in dem Bewußtsein lebte, einen Verein gegründet zu haben, nichts als einen Verein. Wenn man will, kann man sogar den letzten Satz des Kommunistischen Manifestes von Marx und Engels – den Aufruf: »Proletarier aller Länder, vereinigt euch!« – als Aufforderung zur Bildung eines Vereins auslegen. Die Verfasser haben über diese Organisationsfrage wohl kaum nachgedacht, sie dachten nur an die Klasse – aber was denn sonst als ein Verein konnte da herauskommen? Freilich eine monströse Art von internationalem Verein, noch dazu einer, dem es bestimmt sein sollte, die gesellschaftliche Herrschaft zu ergreifen, die Diktatur! Womit er denn freilich sogleich aufhörte, ein Verein zu sein, denn ein Verein ist ein Verein von Menschen und gerade kein Organ von Herrschaft über Menschen. Diese extreme, paradoxe und auch etwas spaßhafte Vorstellung von der zum Verein organisierten proletarischen Klasse kann aber vielleicht doch helfen, die Reichweite des Vereinsbegriffes fühlbar zu machen. Ich weiß nicht, ob es je versucht worden ist, eine Geschichte der Vereine oder eine historische Typologie der Vereine zu schreiben. Es wäre ein umständliches, aber doch auch ein lohnendes, ja ein großartiges Unternehmen, selbst wenn man sich auf ein einziges Land und einen abgegrenzten Zeitabschnitt beschränkte. Für das neunzehnte Jahrhundert jedenfalls ist die Vereinsgeschichte kaum weniger wichtig als die Staatengeschichte.

Das zeigt auch die Geschichte des Vereins, der heute dieses imponierende Jubiläum feiert. Dieser Verein ist nun allerdings von ganz anderem Typus als diejenigen, die ich gerade vorhin als letzte

Gruppe genannt habe, er ist kein Berufsverein wie etwa eine Gewerkschaft, sondern ein gemeinnütziger Verein, und er ist kein Arbeiterverein, sondern ein bürgerlicher Verein. Ein bürgerlicher Verein ist er durchgängig gewesen und geblieben, aber in dem doppelten Sinne dieses vieldeutigen deutschen Wortes »Bürger« und »bürgerlich«: in seinem soziologischen Sinne und in seinem politischen Sinne. Der Bürger muß hier ebensowohl als *bourgeois* wie als *citoyen* verstanden werden. Es ist ursprünglich ein Verein nicht von Reichen, nicht von großen Herren, schon gar nicht von Unternehmern, die gab es noch nicht, wohl aber von städtischen Honoratioren oder Notablen. Unter den dreiunddreißig Gründungsmitgliedern findet man mehrere Doktoren der Medizin, mehrere Apotheker, mehrere Architekten – unter diesen die beiden bedeutendsten Namen des Frankfurter bürgerlichen Klassizismus, der diese Stadt bis zur Zerstörung so einzigartig geprägt hat, die Namen von Hess und Rumpf –, weiter mehrere Schulmänner, unter ihnen auch den ersten »proponierenden Secretair« – das war der Titel des Leiters –, den Rat und Professor Poppe, einige Handelsleute und freilich auch zwei oder drei adlige oder eigentlich patrizische Namen. Also, wenn man diese etwas unbestimmte Bezeichnung anwenden mag, Mitglieder der »bürgerlichen Gesellschaft«, jedenfalls homines meliores, bessere Leute.

Ich sagte, Unternehmer in der neueren Bedeutung habe es noch nicht gegeben, jedenfalls nicht in Frankfurt und jedenfalls nicht in diesem Kreis. Wohl aber läßt sich der Verein selber und als ganzer insgesamt, wenn nicht als ein unternehmerisches, so doch als ein in hohem Maße unternehmendes Gremium ansehen. Er hatte sein Wesen nicht im geselligen Leben und in der Pflege eigener Interessen, sondern er richtete sich auf das Interesse des Gemeinwesens und seiner Gesellschaft. Seine Unternehmungen reichten von der Gründung von Schulen, der Sonntagsschule und der Abendschule für Lehrlinge, worin wir die Anfänge des gewerblichen Berufsschulwesens zu erblicken haben, über die Einrichtung der berühmten Sparkasse von 1822 bis zu derjenigen der Suppenanstalt, wo man die von dem Grafen Rumford eigens für soziale Zwecke erfundene Universalsuppe an Hungrige und Bedürftige ausgab; von der Veranstaltung von musterhaften Pflanzenausstellungen, die der Verbesserung des Garten- und Feldbaues, also der agrarischen Kultur, gewidmet waren, bis zu der von Gewerbeausstellungen, die der Entwicklung der technischen Industrie Anstoß geben sollten; und auch den Grindbrunnen haben sie herstellen lassen aus Vereinsmitteln, nicht die Stadtverwaltung hat das getan; und wiederum von der Errichtung der Blindenanstalt mit Arbeitsunterricht bis zu derjenigen des »Instituts zur Beförderung der Sittlichkeit und des Wohlverhaltens unter der dienenden Classe«, das der Verwahrlosung des Dienstbotenstandes durch ein Heim, durch Stellenvermittlung und durch Fleißprämien entgegenzuwirken bestimmt war. Die Älteren unter Ihnen werden sich an das »Wohl der dienenden Classe« vielleicht noch erinnern, das zuletzt in der Kirchnerstraße domizilierte. Das war im wesentlichen ein Arbeitsvermittlungsbüro für Hausangestellte geworden, wo die Damen ihre Dienstmädchen und vielleicht auch die Mädchen ihre Damen in unmittelbarem persönlichem Augenschein aussuchten – ein kleines Modell von »Arbeitsmarkt« im buchstäblichen und sehr anschaulichen Sinne des Wortes – so ähnlich wie man es aus der Oper »Martha« kennt: »Ich kann nähen, ich kann stricken« und so weiter.

Sie sehen aus dieser, übrigens noch ganz unvollständigen Aufzählung von Unternehmungen der Gesellschaft aus den zwanziger, dreißiger und vierziger Jahren des vorigen Jahrhunderts – sie fand dafür eine eigentümliche Rechtsform: die meisten dieser Einrichtungen hießen »Institute« und arbeiteten mit einer gewissen Selbständigkeit, immer aber unter der selbstverständlich ehrenamtlichen Aufsicht oder sogar Leitung von Mitgliedern des Vereins –, Sie sehen daraus, daß hier von Anfang an zugleich wirtschaftliche und soziale Aufgaben in Angriff genommen wurden. Auch das Dienstbotenwesen stellte ein soziales Problem allerersten Ranges dar, freilich eben deswegen auch ein Ärgernis für die Herrschaften. Wilhelm Heinrich Riehl, dieser zwar konservative und ein wenig verschwärmte, aber doch hellsichtige und herzhafte frühe Soziologe der Biedermeierzeit und unser naher Landsmann, hat um 1850 die Bemerkung gemacht, die Verderbnis der Dienstboten sei »für Deutschland, wo der Ruin der kleinen Gewerbe und des kleinen Bauern mit jedem Tag eine Schar neuer Knechte und Mägde schafft«, ich zitiere, »kaum minder wichtig als das Wachstum des Fabrikenproletariats«. Im übrigen war ja auch die Sparkasse natürlich nicht als ein Erwerbsunternehmen gedacht, sie war immer, modern gesprochen, ein non-profit-Betrieb, und die Gewinne, die sie über die Rücklagen hinaus tatsächlich abwarf, flossen wiederum dem Verein für andere gemeinnützige Zwecke zu – das kommt sogar heute noch vor. Sparkassen wurden das ganze neunzehnte Jahrhundert hindurch allgemein wesentlich als wohltätige Anstalten angesehen, indem sie – mit den authentischen Worten der Zeit – Sparsamkeit »in den niederen Ständen« herbeiführen sollten, nicht durch Zwang, sondern durch Erweckung des Interesses, und man sah auch hier in Frankfurt die längste Zeit sorgsam darauf, daß die Sparkasse nicht gleichsam zur Bank entartete. Zu den Einlegern hat übrigens damals immer ein hoher Prozentsatz von Dienstboten gehört.

Diese Verknüpfung wirtschaftlicher und sozialer, gewerblicher und wohltätiger Zwecke, diese Förderung von Land- und Feldbau und aller Arten von teils noch handwerklichen, teils fabrikmäßig betriebenen Produktionen auf der einen Seite und diese teils bildende, teils pflegende, teils mit den Mitteln der ökonomischen Festigung betriebene Beschaffung und Verbesserung des Personals, dessen man für Haus wie Gewerbe bedurfte – das erinnert uns wirtschaftsgeschichtlich in gewissem Maße noch an die Unternehmungen der Fürsten und Herren des achtzehnten Jahrhunderts, der Epoche des sogenannten Merkantilismus, der gleichfalls durch dieses Ensemble von Gewerbe und Schule, Manufaktur und moralischer Erziehung charakterisiert ist. Nur ist das hier in die Stadt verlagert und wird anstatt von Fürsten und Herren von Bürgern in ihrem Verein betrieben, daher auch nicht im unmittelbaren Interesse einer Herrschaft und ihres Reichtumes, sondern zum Nutzen des Gemeinwesens und seiner Gesellschaft. Man kann sehr wohl das mittelbar wirkende kollektive Interesse einer solchen Honoratiorenschicht an einer florierenden und sozial befriedeten städtischen Wirtschaft wahrnehmen und braucht darum doch nicht in die argwöhnische Betrachtungsweise des Klassenverdachtes zu verfallen, zu dem solche Vokabeln wie die »Beförderung der Sittlichkeit und des Wohlverhaltens der dienenden Classe«, ja auch die von der »Wohltätigkeit« und vom »Gemeinwohl«, den abgebrühten heutigen Betrachter verlocken mögen, zumal wenn er ein bißchen marxistisch geimpft ist, was übrigens nichts schaden kann. Diese Männer von 1816 haben wahrscheinlich auf irgendwelchen Wegen, die sich schwer analysieren lassen, der frühkapitalistischen Entwicklung in Frankfurt zu ihrem Teil mit aufgeholfen, aber erstens waren sie selbst nichts weniger als Kapitalisten, und zweitens haben sie mit ihren Schulen, Heimen, mit ihrer Suppenanstalt, ihrer Wärmestube, ihren Lesezimmern und auch mit ihrer Sparkasse in einem und demselben Zuge gerade den finsteren Seiten des Frühkapitalismus, nämlich – mit Marx zu reden – der Verelendung und der Entfremdung, entgegengewirkt. Sie waren Philanthropen.

Philanthropie, Menschenfreundlichkeit, ist von der christlichen Caritas, der Nächstenliebe, der Mildtätigkeit, genau zu unterscheiden. Die Tätigkeit der Philanthropen griff weit aus, war auf große gesellschaftliche Probleme gerichtet; sie wurde planmäßig betrieben, und sie wurde öffentlich betrieben, keineswegs im Verborgenen, wie die Bergpredigt bezüglich des Almosengebens vorschreibt. Die philanthropische Denkweise und Wirksamkeit, die das späte achtzehnte und das frühe neunzehnte Jahrhundert in Europa weithin kennzeichnet und auszeichnet, wiewohl vorwiegend aus religiöser Wurzel erwachsen, hat doch sehr viel mit der Menschenrechts-Bewegung gemein, die genau gleichzeitig sich ausgebreitet und ihrerseits im Unterschiede zu jener freilich in Revolutionen sich ausgedrückt hat. Die weltgeschichtlich bedeutendste Leistung der philanthropischen Bewegung – also nicht der menschenrechtlichen, sondern der menschenfreundlichen – war die Unterdrückung des Sklavenhandels und die schließliche Befreiung der Sklaven. Sie ging von England aus und wirkte auch ihrerseits bemerkenswerterweise sehr wesentlich in der Gestalt von Vereinen: »abolition societies« und »antislavery societies«. Ich erwähne das nur, um die reale umwälzende Macht dieser philanthropischen Gesinnung und Wirksamkeit in Erinnerung zu rufen und das Mißverständnis abzuwehren, es handle sich da um eine bloße, womöglich heuchlerische Gefühligkeit, um eine Ideologie, die das massive materielle Interesse verschleiere. Im Gegenteil, sie stand zu ihrer Zeit mit den massiven materiellen Interessen im schärfsten Kampfe.

Und so müssen wir denn auch von den Männern der Polytechnischen Gesellschaft in dieser ihrer Gründungs- und Heldenzeit sagen, daß sie schließlich doch mehr citoyens als bourgeois gewesen sind. Diese Wöhler, Souchay, Passavant, Sauerländer, Sonnemann und wie sie alle heißen, würdige Frankfurter Namen, würdige bürgerliche Namen, Zeugen des tätigen Bürgersinnes, dieses »patriotischen« Sinnes, wie man das Wort damals verstand, als noch keine Wehr schimmerte und weder Roß noch Reisige im Spiel waren. Denn nach einem schönen Worte von Roscher, dem klassischen Wirtschaftshistoriker, kann »bei gewöhnlichen Menschen der Patriotismus nur dann wahr sein, wenn er von dem kleineren Kreise ausgeht, der sie zunächst umgibt, für dessen Mitglieder sie sich persönlich interessieren«. Die Philanthropen und Patrioten, diese citoyens, diese cives francofurtenses, haben aus der eigenen Kraft ihres Vereins, zuerst vom Katharinenkloster, dann vom Junghof und schließlich von der Neuen Mainzer Straße aus, eine stattliche Reihe von Einrichtungen geschaffen – Einrichtungen von der Art, wie wir sie heutzutage nur entweder staatlichen oder städtischen Behörden oder den wirtschaftlichen Erwerbsunternehmungen und den Verbänden derer zutrauen und auch zuschieben, die selber ihren unmittelbaren Vorteil daran haben: den Ämtern oder den Interessenten. Es wäre lehrreich, einmal des näheren für diese ältere Zeit zu vergleichen, wieviel die Stadtverwaltung und wieviel dieser Verein in Frankfurt geleistet hat an Einrichtungen von öffentlichem Nutzen. Der Verein würde gewiß nicht schlecht dabei abschneiden. Und das entspricht auch in gewisser Weise dem theoretischen Bewußtsein der Zeit. Die Vereine rangieren nicht unterhalb der öffentlich-rechtlichen Organe oder Ämter, sondern durchaus neben ihnen, wo immer es galt, gesellschaftliche Vorgänge zu registrieren oder gesellschaftliche Forderungen zu praktizieren. Die sozialpolitische Literatur des neunzehnten Jahrhunderts liefert dafür manche Beispiele. Ich besitze zum Beispiel eine Schrift aus der Zeit vor der 48er Revolution, die verfaßt ist von einem bürgerlichen Gutsbesitzer aus Schlesien, über das Proletariat, wo schon auf dem Titel die Rede ist von der nötigen – ich zitiere – »Konzentration der Hilfen des Staates, der Gemeinden, der Vereine und der Proletarier selbst«. Da haben Sie eine Aufzählung von Instanzen möglicher Aktion, welche auf die Unterscheidung der Juristen zwischen öffentlich-rechtlichen und privatrechtlichen Gebilden gottlob überhaupt keine Rücksicht nimmt!

Aber freilich, die Geschichte, das Geschick der Polytechnischen Gesellschaft illustriert nicht nur die Größe, sondern auch das nachmalige Elend der Vereine, nicht nur ihren Aufstieg, sondern auch ihren Fall. Das dürfen wir uns nicht verhehlen. Im Laufe der Zeit sind fast alle ihre ehemaligen Institute entweder der Konkurrenz der Interessenten erlegen – wie z. B. die Garten- und Feldbau-

Ausstellung, die schon in den späten fünfziger Jahren des vorigen Jahrhunderts hinter den Veranstaltungen der vereinigten Gärtner zurücktrat und verblaßte – oder aber an die Stadtverwaltung übergegangen – wie ihre sämtlichen Schulunternehmungen von der Sonntagsschule bis zur Wöhlerschule, die in den siebziger Jahren gegen den Preis von einer knappen Million Goldmark von der Stadtverwaltung übernommen wurde –, oder schließlich dem Monopolanspruch der Staatsverwaltung zum Opfer gefallen – wie der »Verein zum Wohle der dienenden Classe«, der 1936 durch Erlaß der Reichsanstalt für Arbeitsvermittlung aufgelöst wurde. Es hatte ihm auch nicht geholfen, daß er aus seinem altertümlichen Namen die letzte Erinnerung an Hausuntertänigkeit getilgt und sich in Anpassung an die neue Sprache des Arbeitsrechtes in einen Verein »zum Wohle der Hausangestellten« umbenannt hatte.

Die Schulen hatte man allerdings nicht ungern abgegeben, um sich nämlich mit aller Kraft einer neuen Unternehmung zuzuwenden, dem Kunstgewerbeverein mit der Kunstgewerbeschule und nachmals mit dem Kunstgewerbemuseum, diesem ganzen Komplex zusammenhängender Einrichtungen, der noch bis in unsere Tage in der Neuen Mainzer Straße in den schönen alten Häusern beheimatet war. Das Wort »Kunstgewerbe« war ein neues Wort. Es löste das ältere Vokabular vom »Gewerbe« und vom »Gewerbfleiß« ab und war die Antwort auf die Entartungen der Gründerzeit – die erste Antwort, kulturhistorisch betrachtet, denn diese Bemühungen wurden mit ganz andersartigem Formsinn nachmals und in unserem Jahrhundert vom Deutschen Werkbund, dann vom Bauhaus, heute auch vom Rat für Formgebung, aufgenommen, verwandelt und weitergeführt. Aber auch diese Kunstgewerbezentrale unseres Frankfurter Vereins ging schließlich an die Stadtverwaltung über, 1920, nachdem die Mittel durch Kriegsanleihen und Inflation auf- und ausgezehrt waren. In der Hauptsache ist nur die Sparkasse geblieben, die immer das solide Rückgrat war, aber sie ist heute ein selbständiges Unternehmen und der Mutter etwas über den Kopf gewachsen. Ehedem wohnte die Sparkasse bei der Gesellschaft, heute (soviel ich weiß) wohnt die Gesellschaft bei der Sparkasse zur Miete.

Dieser Teil der Bilanz stimmt wohl melancholisch. Und ein Seitenblick auf die Geschichte der Universität, die als bürgerliche Stiftungsuniversität begann, als kommunale oder vorwiegend kommunale Anstalt fortgeführt wurde, und jetzt eben nach fünfzig

Jahren vollends dem Staat zugefallen ist, scheint das resignierende Gefühl nur zu bestätigen, hier liege eine Zwangsläufigkeit vor, die Zeit der Vereine, der bürgerlichen Initiative und des Bürgersinnes, sei vorüber. Die öffentliche Hand nimmt sich bei solcher Betrachtung wie eine schwere Hand und eine dunkle Hand aus. Aber ich weigere mich, und ich denke, Sie weigern sich mit mir, die Fäden der Geschichte für ein Netz anzusehen, das sich um uns selber zusammenzöge. Und, meine Damen und Herren, es gibt gute Gründe für diese Weigerung. Erstens lassen sich die Ursachen für jede einzelne jener Einbußen präzis angeben: Krieg, Niederlage, Inflation, Diktatur und wieder Krieg und wieder Niederlage. Die Ursachen liegen in Ereignissen, nicht in unabwendbar fortwirkenden Tendenzen. Zweitens kann die Polytechnische Gesellschaft auch nach solchen Einbußen mit Genugtuung verbuchen, daß sie vieles in Gang gesetzt und einiges Dauernde auf die Beine gestellt hat, das ja der allgemeinen Bürgerschaft darum nicht verloren ist, weil es ihrer Aufsicht entglitt. Drittens und vor allem – was die allgemeine Seite dieser Frage angeht: Wir brauchen die Vereine nicht zu begraben, auch nicht die gemeinnützigen, sie müssen und werden sich neu bilden und beleben, solange wir uns selber nicht aufgeben als Bürger der Stadt und als Bürger des Staates. Aus der Resignation vor der vermeintlichen Zwangsläufigkeit würde nichts als ein neuer Obrigkeitsstaat hervorgehen, wenn auch diesmal unter dem Namen der Demokratie. Und wir haben Beispiele, wenn wir uns umsehen. Eine gewisse Art von Vereinen erfüllt das Gerüst der Staatsorgane selber mit Leben, und in diesem Bereich spielen Vereine heute eine größere Rolle als je zuvor: ich meine nämlich die politischen Parteien. »Sie sind« – ich gebrauche die Worte eines Juristen, eines bedeutenden Juristen, nämlich von Franz Böhm – »Privatvereine, mit Hilfe von Mitteln erzeugt, die das Privatrecht zur Verfügung stellt, nicht Institutionen der politischen Verfassung«. Es fällt einem wie Schuppen von den Augen, wenn man das wahrnimmt, und ich kann nicht umhin, Sie darauf bei dieser heutigen Gelegenheit hinzuweisen, da wir von Vereinen reden.

Und erlauben Sie mir bitte, hier eine ganz persönliche Anregung vorzulegen, die auf die künftige Wirksamkeit der Polytechnischen Gesellschaft selber Bezug hat! Ich habe mit niemandem darüber gesprochen, und Sie können das natürlich verwerfen. Aber wie wäre es, wenn dieser alte und würdige Verein sich neben seinen sonstigen heutigen Tätigkeiten zu einem Forum der Erörterung von Frankfurter öffentlichen Angelegenheiten machte? Die Verwandlung dieser Stadt wirft täglich eine Fülle von technischen, wirtschaftlichen, architektonischen, gesellschaftlichen, also »polytechnischen« Fragen auf, die überall heftig diskutiert werden, ohne daß es indessen bisher irgendwo zu einer Kristallisierung sowohl der Informationen als der Meinungen gekommen wäre – außer natürlich im Magistrat und in der Stadtverordnetenversammlung. Die Hessische Gemeindeordnung läßt kein Bürgerbegehren und keinen Bürgerentscheid zu. Aber eine bürgerliche Beratung, eine bürgerliche Meinungsbildung im direkten persönlichen Umgang, im Verein, kann, so meine ich, den städtischen Behörden nur erwünscht sein, und ich bin überzeugt davon, daß sie eine solche konsultative Partnerschaft schätzen würden. Wäre das nicht eine sinnvolle und zeitgerechte, neue (und billige) Lebensaufgabe für die Frankfurtische Gesellschaft zur Beförderung nützlicher Künste? Ich deponiere die Frage zu wohlwollender Erwägung in zuständigem Kreise.

Meine Damen und Herren, Vereine, private, zivile Vereinigungen, Komitees, gemeinnützige Zusammenschlüsse sind ein notwendiges Lebenselement und eine ganz unumgängliche Lebensäußerung einer freien Gesellschaft. Sie haben selber sogar etwas Staatsartiges. In jedem Falle sind sie Medien der politischen Einübung, wo man mit seinesgleichen beratschlagt und beschließt, und zwar ebensowohl aus der Nötigung wie aus der Lust, an den gemeinsamen Angelegenheiten mitzuwirken; nicht aus finsterem ethischem Pflichtgefühl und nicht aus beschränktem ökonomischem Interesse, sondern nun eben – aus Bürgersinn. Und das ist einfach der unmittelbare Drang, gemeinsam unser Milieu, unsere Stadt, auch unseren Staat so einzurichten, daß wir gerne miteinander darin leben. Vom bürgerlichen Verein gilt, was man mit einer abgedroschenen Redensart und ganz zu Unrecht von der Familie immer sagen hört: Der ist wahrhaftig eine »Zelle des Staates«. Und der Bürgersinn ist deshalb unaustilgbar, weil der Mensch nach dem unsterblichen Worte des Aristoteles ein Zoon politikon ist, und das heißt von Natur ein politisches Wesen, ein städtisches Wesen, ein staatliches Wesen, ein bürgerliches Wesen. Jean Jacques Rousseau hat zwar ein bißchen stark übertrieben, als er schrieb: sobald ein Bürger die Achseln zucke und von den öffentlichen Angelegenheiten sage »Que m'importe!« – Was geht's mich an! – oder auch (auf neudeutsch) Ohne mich! –, so sei der Untergang des Bürgerstaates besiegelt. Wir wollen so weit nicht gehen. Wir wollen es lieber herumdrehen und unsererseits sagen: Solange es Bürger gibt, einige, eine Anzahl, möglichst eine ausreichende Menge, die von dieser und von jener öffentlichen Angelegenheit sagen »Cela m'importe« – Das geht mich an!, da will ich mittun, da wollen wir uns zusammentun –, so lange lebt der Staat. Und so lange lebt die Stadt. Zum Beispiel die Stadt Frankfurt.

Bürgertum und Bürgerschaft

Rede zu einem Stadtjubiläum

Wir feiern das Jubiläum einer Stadt, dieser Stadt Darmstadt. Sie hat zwar schon Darmstadt geheißen, also den Namen einer Stadt geführt vor dem Jahre 1330, dessen wir in diesem Jahre 1980 gedenken, aber zu einer Stadt im rechtlichen Sinne des Wortes – im mittelalterlichen Rechtssinne – ist sie erst durch die Urkunde geworden, die wir nun alle kennengelernt haben, und die Sie auch auf der festlichen Einladung zu unserer heutigen Zusammenkunft abgebildet und wiedergegeben finden. Zwei Merkmale oder zwei Vorrechte sind dort aufgeführt, die das Stadtwesen, den städtischen Charakter der Stadt ausmachen, nämlich einmal die Befestigung – »... daß sie eine Stadt zu Darmstadt bauen und machen sollen mit Mauern und mit Graben« – und zweitens die Abhaltung regelmäßiger Märkte, eines Wochenmarktes und eines viertägigen Jahrmarktes, des Wochenmarkts wie noch heutzutage für die örtlichen Erzeugnisse, des Jahrmarkts für die Produkte der Fernhändler, die zu diesen festgesetzten Zeiten in der Stadt erschienen (wovon heute nur das ambulante Belustigungsgewerbe, das Riesenrad und die Lebkuchenherzen übrig geblieben sind, während man für den massiveren Gebrauch zur Messe nach Frankfurt oder Hannover geht – auch das sind nichts anderes als Jahrmärkte). Die Stadt, sagt der große Soziologe Max Weber, ist wesentlich »Markt-Ansiedlung«. Die Mauer und der Markt sind Merkmale der Stadt aller Zeiten und wohl auch aller Regionen. Dasjenige Merkmal aber, das die europäische, die abendländische, die westliche Stadt vor allen anderen kennzeichnet und auszeichnet, das ist die Bürgerschaft, die griechische Politeia, die römische Civitas, die englisch-amerikanische Citizenry und die französische Bourgeoisie – jawohl, die Bourgeoisie, ich kann es nicht ändern, es ist das zutreffende Wort, es meint genauso die Stadtbürgerschaft, ist übrigens ganz genauso von der »Burg« hergeleitet wie unser »Bürger«. Und die Burg ist im ältesten Wortgebrauch nichts anderes als die Stadt, eben der ummauerte oder sonst befestigte Bezirk, darin man sich bergen und geborgen fühlen kann. »Bürger und Bauer trennt nichts als die Mauer«, sagt ein altes Sprichwort, was zwar nicht zutrifft und niemals zutraf, aber immerhin deutlich macht, daß der Bürger mit der Mauer zu tun hat. Heute fährt uns bei dem Wort

»Mauer« ein anderer Gedanke durch den Sinn, aber dazumal war die Mauer nicht zur Abwehr der Freiheit, sondern zum Schutz der Freiheit bestimmt. Für das Altertum war es ausgemacht, daß das Hauptmerkmal der Stadt – und daher des Staates, denn das war noch dasselbe – die Bürgerschaft darstellt, bedeutsamer als die Mauern oder anderen Verteidungsmittel. »Die Männer sind es, die die Stadt bilden«, sagt der griechische Geschichtsschreiber Thukydides – die Männer, das heißt eben die Bürger (und ich bitte um Entschuldigung für Thukydides und für das alte Hellas insgesamt, daß Bürgerinnen dort noch nicht entdeckt waren).

In unserer Urkunde, der Darmstädter Geburtsurkunde, von Kaiser Ludwig dem Bayern ausgestellt, finden wir allerdings nichts von Bürgern und Bürgerschaft, allenfalls könnte man sagen, daß eben mit der Gewährung der Marktrechte der Grund gelegt sei für die Ausbildung einer Klasse von Händlern und Kaufleuten, eines Bürgertums, einer Bourgeoisie im wirtschaftlichen und sozialen Sinne des Wortes. Aber der Adressat der Verleihung ist nicht die Bürgerschaft der Stadt, die es noch nicht gab, und die eine Stadt erst werden sollte, der Adressat ist vielmehr ein Fürst, ein Herr, der Graf von Katzenelnbogen. Wir haben es zunächst und für geraume Zeit, ja für die meiste Zeit, mit einer Fürstenstadt zu tun. Das ist ein Gebilde mit zwei Mittelpunkten, der herrschaftlichen Haushaltung einerseits, dem Markt andererseits. Die Bürgerschaft entwickelte sich neben der Herrschaft und seit den Zeiten der Darmstädter Hofhaltung in ständigem Austausch mit ihr, einem wechselseitigen – freilich auch wechselvollen – Geben und Nehmen. Darin steht Darmstadt nicht allein, es ist ein ganz typischer Fall, die weitaus meisten mittelalterlichen Städte sind solche Herrenstädte und durch eine eigentümliche Symbiose, ein Convivium zweier Mächte und auch zweier Gesellschaften charakterisiert, einer herrschaftlichen, später höfischen mit Adel und Beamten einerseits, einer bürgerlichen andererseits, Kaufleuten, Gastwirten, Handwerkern. Diese Symbiose, diese Doppelnatur, kann man hier in Darmstadt ja mit Händen greifen, mit wenigen Gängen zu Fuß erfahren und erfassen: Da steht das Schloß, es steht bei der Stadt, gleich nebenan und auch nicht oberhalb auf irgendeinem Burgberg – und dort gegenüber ist der Markt. Und mit dem Markt verbunden sieht man das Rathaus, das Haus des Rates, der bürgerlichen Selbstverwaltung, Selbstregierung. Sie mögen nun das Alte Rathaus vor Augen haben, das den Markt überblickt, ihm sein Gesicht zuwendet, oder auch – wir können in zehn Minuten drei Jahrhunderte durchmessen – dieses Neue Rathaus, worin wir uns befinden, das auch seinerseits wiederum und immer noch mit einem Markt verknüpft ist, einer Art von Markt, einem Bazar – wie man die Sache mit orientalischer – oder einem Center – wie man sie mit amerikanischer Illuminierung nennt; es ist aber nichts anderes als ein Markt, ein täglicher Markt, ein Dauermarkt mit Waren aus der Nähe und aus der Ferne, also aus dem Nahhandel und aus dem Fernhandel. Ganz unversehens und wie durch eine List der Vernunft hat sich das uralte Muster wiederhergestellt, und die Verknüpfung ist nun sogar noch dichter als je zuvor, das Rathaus und der Markt befinden sich in einem und demselben Gebäude.

Ich weiß, meine Damen und Herren und insbesondere meine geschichtskundigen Zuhörer, daß das Rathaus so wenig wie die Selbstverwaltung der Bürgerschaft mit der Stadtrechtsverleihung aus dem Boden geschossen ist. Das hat eine Menge Zeit in Anspruch genommen, wovon man das Lange und Breite in dem schönen und gehaltvollen Buche über die Geschichte Darmstadts nachlesen kann, das jetzt eben aus dem Jubiläumsanlaß herausgekommen ist. Erst um die Mitte des 15. Jahrhunderts beginnt die Bürgerschaft ein wenig aus dem Schatten der Herrschaft herauszutreten. Man sieht es an dem Umstand, daß sie ein eigenes Amtssiegel zur Beurkundung führt, und vor allem an dem Auftritt einer eigentlich bürgerlichen Amtsperson, die neben den gräflichen Schultheißen tritt, des Bürgermeisters. Genauer gesagt, waren es ihrer zwei, merkwürdigerweise, es waren zweie wie die Konsuln im alten Rom, und wie diese wurden sie auch jährlich neu berufen. Aber wir werden von unseren Darmstädter Forschern belehrt, daß ihre Doppelheit einen besonderen Grund und Ursprung habe, indem nämlich der eine Bürgermeister aus dem Rat, aus diesem Club der führenden Familien, der sich selbst ergänzte, der andere aus der Gemeinde der allgemeinen Bürgerschaft bestellt worden sei. Worin man – wie schon bei Schloß und Markt und der Fürstenstadt als solcher – ein weiteres hübsches Beweisstück dafür hätte, daß die Geschichte nicht bloß aus Klassenkämpfen besteht, sondern gottlob auch aus Klassen-Friedensschlüssen, aus ihren Vereinbarungen und Verträgen, ja aus »Klassen-Bündnissen«. Ich muß noch hinzufügen, daß natürlich in den alten Zeiten nicht jeder Einwohner ein Bürger war, auch nicht jeder männliche Einwohner, in Darmstadt so wenig wie im antiken Athen oder Rom, man mußte entweder eingesessen sein oder man mußte das Bürgerrecht erwerben, sich einkaufen, wobei die Stadtväter auch darauf Acht hatten, daß der Bewerber Eigentum und Vermögen verläßlich nachweisen konnte.

Kurz, der Bürger stammt aus der Stadt. Ich will und kann diese historischen Besonderheiten nicht weiter erörtern, vielmehr möchte ich einige Schlüsse ziehen, welche sich aus ihnen herleiten, einige Einsichten zu formulieren versuchen, zu welchen der bedeutende festliche Tag den Anstoß gibt, zu welchen er uns auffordert. Die Stadt ist die Urheimat des Bürgers. Auf dem Lande lebt der Bauer, zumeist auch der Adel. Die Stadt ist die Urheimat sowohl des Bürgertums als der Bürgerschaft, des Bürgertums als einer Gesellschaftsklasse oder – altertümlich gesprochen – eines Standes, und der Bürgerschaft als eines politischen Gefüges, einer Rechtsgemeinschaft von Haushaltungen, die sich nach vereinbarter Weise selbst regiert oder doch wenigstens ihre eigenen Angelegenheiten selbst verwaltet. Die soziale Natur und die politische Gestalt bilden unter den alten Verhältnissen offenkundig eine Einheit: Es ist die Klasse des Bürgertums, welche sich als Bürgerschaft politisch organisiert. Dazu braucht es keine Fugger und Welser und auch keine Buddenbrooks, es genügen die Land- und Gastwirte, die Metzger und Bäcker, Dreher und Schmiede, es genügen »Gevatter Schneider und Handschuhmacher«. Es genügen die kleinen Bürgersleute, wie sie zum Beispiel in der Stadt Darmstadt vorgewaltet haben. Eine Bürgerschaft zu bilden, sind nicht notwendig Großbürger erfordert, Kleinbürger waren und sind dazu auch imstande. Es gehört nur ein gewisses Maß von Selbstbewußtsein dazu und zugleich ein offenes Auge für die Interessen des gesamten Gemeinwesens, eine Lust an den öffentlichen Angelegenheiten und eine Bereitschaft, Verantwortung zu übernehmen, eben diejenigen Eigenschaften und Neigungen, die mit einem authentischen Wort als Bürgersinn bezeichnet werden oder wurden.

Der Bürger stammt aus der Stadt, aber er ist – Sie wissen es alle – dort nicht geblieben. Er hat diesen angestammten Bezirk längst überschritten, er hat, als Begriff, als Figur, als politische Wesenheit, seit ziemlich genau zweihundert Jahren einen unglaublichen

Siegeszug angetreten, er hat den Staat erobert. Für Europa ist es namentlich die Französische Revolution, die diesen Sieg der Bürgerschaft über die Herrschaft mit einem Ruck und Schock eingeleitet hat. Nehmen Sie den Titel der berühmten Erklärung der Rechte, die die französische Nationalversammlung verabschiedet hat: Déclaration des Droits de l'Homme et du Citoyen, Erklärung der Rechte des Menschen und des Bürgers. Da haben Sie das Wort. Die Männer von 1789 haben zwar einen anderen Namen gewählt als den ehedem gebräuchlicheren des Bourgeois, aber auch der Citoyen bedeutet von Haus aus nichts anderes als den Bürger der Stadt. Nun wurde er der Bürger des Staats, und der Staat insgesamt nicht mehr als Herrschaftsordnung definiert, sondern als ein Verband, ein rechtlich durch eine Verfassung geordneter Verband von Bürgern, mit einem einfachen Wort, mit unserem Wort: als Bürgerschaft. Der Staat wurde bürgerlich. Der Staat wurde nach dem Muster und Modell der Stadt aufgefaßt und in einem gewissen Maße auch tatsächlich durchgebildet. Wie ein bedeutender Kenner der Geschichte der alten europäischen Stadt gesagt hat: »Es hat einen tiefen Sinn, wenn von dem Bürgertum der Städte her später die Bezeichnung des Rechtsverhältnisses des einzelnen zu seinem Staat ausgeht.«

Dieser plötzliche gewaltige Aufstieg des Bürgers – ich meine: des Bürger-Namens, des Bürger-Begriffs, des politischen Bürger-Wesens – hatte aber eine fatale Kehrseite: Mit der Erhebung des Citoyen geht der Niedergang des Bourgeois einher. Für den Staatsbürger in seiner neu errungenen Größe erschien der Stadtbürger da hinten und da unten mit einem Male wie ein Zwerg, auf kleinen Gesichtskreis beschränkt, auf den Umkreis des lokalen Kirchturms eben, eng, kleinlich, egoistisch, ängstlich.

Daß die Franzosen diese zwei Wörter haben, kam der Trennung der Bedeutungen und der Vorstellungen natürlich sehr entgegen. Es wurde in der deutschen Literatur alsbald Mode, diese französischen Wörter in Klammern beizufügen, wann immer man den staatlichen vom städtischen Bürger als die höhere von der geringeren Art oder Rasse unterscheiden wollte. Selbst Immanuel Kant, der große Aufklärer, der übrigens auch ein politischer, nämlich republikanischer Denker war, ist dieser Mode gefolgt, wie Sie an einer Formulierung sehen können, die ich zitieren will: »Derjenige«, sagt Kant, »welcher das Stimmrecht in der Gesetzgebung hat, heißt Bürger, Citoyen, Staatsbürger, nicht Stadtbürger, Bourgeois.« Kant scheint es gewesen zu sein, der den Aushilfsnamen des »Staatsbürgers« erfunden oder wenn nicht erfunden, so doch mit seiner Autorität durchgesetzt hat.

Indem es derart auf der einen Seite in die Höhe und Weite ging mit dem Bürger, fiel er auf der anderen Seite weithin dem Spott zum Opfer. Weltläufige Literaten haben dazu beigetragen. Heinrich Heine zum Beispiel, wenn er von dem »gutmütigen, schwammbäuchigen Spießbürger mit Filzhut und Regenschirm« spricht. Das bürgerliche Selbstbewußtsein geht in der Entartung der bequemen Selbstzufriedenheit in die Karikatur ein. Aber das ist noch das Wenigste. Das Neunzehnte Jahrhundert, das wir zu Recht das bürgerliche Jahrhundert nennen, hat zugleich dem Bürgertum Schläge versetzt, von denen es sich erst heute zu erholen angefangen hat – vorausgesetzt allerdings, daß wir heute noch von einem lebendigen Bürgertum zu reden befugt sind. Da sind mächtige Kräfte auf den Plan getreten, die dem Bürger zugesetzt und ihm die Ehre abgeschnitten haben, auf die er einst so sehr bedacht war. Von oben und von unten und aus der eigenen Mitte ist das Bürgertum als gesellschaftliche Erscheinung verspottet, verdammt und verflucht, ist seit hundert und mehr Jahren sein Untergang geweissagt worden. Verspottet wurde es von den Bohémiens und Libertins ob seiner Enge und Strenge, wegen eines Mangels an Geist, wegen seiner biedermeierlichen und biedermännischen, auch »spießigen« Bravheit und konventionellen Anständigkeit, seines Leistungsstolzes und Pflichtbewußtseins; der Moralkodex selber – den das Bürgertum ja nicht erfunden, den es nur puritanisch hervorgekehrt hat als Panzer des Charakters und als Frontposition im Kampfe gegen den Adel mit seiner Mondänität – der Moralkodex selber ist als »bürgerlich« verschrieen worden im Gange jenes Prozesses der erotischen Emanzipation, der nicht erst gestern angefangen hat. Zum Untergang verurteilt wurde das Bürgertum unter dem Namen der Bourgeoisie, den er von den französischen Frühsozialisten, zumal von Saint-Simon, entliehen hat, von Karl Marx und seinen tausend Nachfolgern. Er hat den Begriff der Bourgeoisie mit einer spezifischen Wirtschaftsweise zusammengenagelt, mit dem Kapitalismus, und man plappert es ihm nach bis zum heutigen Tag, auch die Betroffenen tun es. Die Bohème hat dem Bürgertum eine moralische Gesinnung zur Last gelegt, die viel ältere, nämlich biblisch-christlich-kirchliche Ursprünge hatte, und die Marxisten haben ihm eine Wirtschaftsweise als wesensgemäß zugeschrieben, die viel jünger ist als die Geschichte der bürgerlichen Gesellschaft. Im Marxismus war der Citoyen so gut wie vergessen, die Bürgerrechte waren ihm bloß eine juristische Formalität, die politische Bürgerschaft ein Betrug, bestenfalls ein ideologischer Selbstbetrug. Der Bourgeois wurde aus einem dümmlichen Spießer zum raffinierten Ausbeuter oder doch zum Agenten des Ausbeutungssystems stilisiert, die Bourgeoisie insgesamt, also das Bürgertum, nun als Klasse verstanden, der Herrschaft bezichtigt, die einzig durch den Klassenkampf, durch die gesellschaftliche Revolution gestürzt werden könne, und dieser Sturz stand, nach der Prophetie des wissenschaftlichen Propheten, mit Notwendigkeit bevor oder, wie später Lenin so gerne sagte, »auf der Tagesordnung der Geschichte«.

Schließlich ist das Bürgertum vollends totgesagt worden von den Bolschewisten wie auch von den Nationalsozialisten. Diesen war das bürgerliche Wesen zwar auch zu moralbewußt oder – wie es Dr. Goebbels ausgedrückt hat – zu »moralinsauer«, aber zu gleicher Zeit gerade nicht gehorsam genug, da war die Reserve der persönlichen Freiheit, der Vorbehalt der individuellen Urteilsbildung im Wege, und es wurde ja wirklich furchtbar überrollt von den Enthusiasten der Gemeinschaft, den Veranstaltern und Genießern des Kollektiv-Erlebnisses, zerstampft von den Kolonnen der Marschierer. Es verschwand in und unter den Paraden der Massenorganisation mit ihren marionettenhaften Bewegungen und Bewegungsabläufen. Und es sind ja denn freilich auch wahrhaftig Bürger massenweise gleichsam sich selbst entlaufen, sind mitgelaufen und mitmarschiert, haben es sich gefallen lassen, zu bloßen Volksgenossen degradiert zu werden. So kam es, daß einige Verzweifelte unter seinen Bekennern das deutsche Bürgertum nach solchen Erfahrungen am Ende selber als subaltern und korrumpierbar aufzugeben bereit waren. Soviel vom Bürgertum. Von einer Bürgerschaft war vollends nichts mehr zu entdecken, sie war eingerührt und umgeknetet zur gestaltlosen »Volksgemeinschaft«, die Verfassung zerrissen, eine neue Art von Herrschaft errichtet, und vom Staatsbürger hörte man allenfalls dann etwas, wenn er »ausgebürgert« wurde.

In diesem Augenblick, meine Damen und Herren, stellt sich nun die große Frage: Wo halten wir heute? Wie verhält es sich in der Bundesrepublik Deutschland mit Bürgertum und Bürgerschaft? Zwar, ein Verfassungsstaat ist hier errichtet, der beste der deutschen Geschichte, was die Regierungsorganisation, die Regierungstüchtigkeit und auch was die Regierbarkeit anlangt. Ist er aber auch ein Bürgerstaat? Beruht der Staat auf Bürgerschaft? Es gibt die irritierenden Rebellionen wider das »Establishment« oder »das System«, es gibt vor allem diese in Wellen wiederkehrenden Bewegungen der Abkehr und des Aussteigens, zumeist und überwiegend Jugend-Bewegungen: In den fünfziger Jahren war es die Parole »Ohne mich«, in den sechzigern waren es die Hippies, die Blumenkinder, dann kam die Studentenrevolte mit ihren anarchistischen Zügen, der vordem eher sanftmütige Auszug in Traum und Trance verkehrte sich schließlich in frontalen Angriff, blanken Haß und bösartigen Terror. Seither scheint eine gewisse Beruhigung oder auch Erschlaffung eingetreten, ja man könnte, blickt man auf die gegenwärtige Sammlung der Schwärmer und Ausschwärmer unter den Parolen des Umweltschutzes und der Atomkraftgegnerschaft, man könnte darin sogar einen Zug zur Re-Integration erkennen, eine versuchte Wiedereingliederung, zuweilen am Rande der Legalität, eine Rückkehr in die Bürgerschaft auf dem Wege der »Bürger-Initiative«. Was für ein paradoxer, darum aber um so schlagenderer Beweis für die Rehabilitierung des Bürgerbegriffs liegt in diesem Wort »Bürger-Initiative«! Und in dem Umstand, daß es von einem so bunten Volk von Einsiedlern in Anspruch genommen wird, dem alten Bilde des Bürgers im schlichten und gut ausgebürsteten schwarzen Anzug so ganz unähnlich!

Aber es gibt weit stärkere Argumente für die Wiederkehr oder Neugeburt einer Bürgerschaft in und mit diesem Staate. Zuerst und zuoberst müssen wir da an ihre Wirksamkeit in den Wahlen denken – ganz nach jenem Worte von Kant, das ich zuvor zitiert habe: daß Bürger derjenige heiße, welcher das Stimmrecht in der Gesetzgebung innehabe. Wir haben ja eine ganze Anzahl von wiederkehrenden Wahlakten, und wir haben zumeist erstaunlich hohe Wahlbeteiligungen zu verzeichnen, keine 99,9% freilich und gottlob nicht, weil eine gewisse Marge an Nichtbeteiligung, sei es der Unentschlossenen oder auch der Interesselosen, der reinen Privatmenschen, die in ihrem Fasse sitzen, untrüglich anzeigt, daß es sich bei den anderen um Akte des freien bürgerlichen Willens handelt. Zuerst und zuoberst ist diese Wirksamkeit – oder soll ich sagen: dieses Amt? – des Bürgers als Wähler deswegen anzuführen, weil er hier nicht nur eine Teilnahme bekundet, nicht nur eine Meinung äußert wie bei Meinungsumfragen, sondern vielmehr eine Entscheidung trifft und also einen staatlichen Akt vollzieht, der an Kraft und Rang einer parlamentarischen Gesetzesverabschiedung oder einem Kabinettsbeschluß verglichen werden kann. Das ist gewiß nicht alles, bei weitem nicht alles, was von der Bürgerschaft geleistet wird, aber hier tritt sie am merklichsten und in der größten Weite und Breite in Erscheinung. Jawohl, dieser Staat ist ein Bürgerstaat. Wir müssen uns nur fragen, ob eine Bürgerschaft bestehen und dauern könne ohne ein Bürgertum. Manchen von Ihnen mag diese Formel schockieren. Ich bitte Sie, sich an die Ursprünge zu erinnern, an die Geschichte der alten Stadt, an »Gevatter Schneider und Handschuhmacher«, und wie dort die Bürgerschaft unmittelbar aus dem Bürgertum hervorging. Es scheint doch auch allgemein und auch in der Moderne, in der sogenannten Massengesellschaft, dem Gemeinwesen wenn nicht notwendig, so jedenfalls zuträglich zu sein, wenn die, die es bilden und konstituieren, je für sich eine eigentümliche Verantwortung haben, nicht bloß ein Interesse, sondern eine Verantwortung in ihrem eigenen Umkreis, etwa der Familie gegenüber, eine selbständige Verfügungsgewalt, etwa über Eigentum, eine Chance freier Planung. Denn das ist es, meine ich, was im allgemeinsten Sinne das Bürgertum kennzeichnet.

Ist das Bürgertum untergegangen? Ist es in der sogenannten Massengesellschaft als in einem großen Einheitsbrei verschwunden? Oder hat es sich neu formiert – wenn nicht als Klasse, so als Schicht? Und wenn das der Fall ist, wie sollen wir es abgrenzen? Die Sozialstatistik macht keinen Gebrauch von solchen Begriffen, sie unterscheidet nur Selbständige und Abhängige und unter diesen Arbeiter, Angestellte und Beamte. Mit den Selbständigen steht es nicht sehr gut, jedermann weiß es, ihr Anteil beträgt heute nur knapp ein Zehntel der Erwerbsbevölkerung, vor dem ersten Weltkrieg war es ein Fünftel. Sind wir darum in der Mehrzahl Proletarier geworden? Oder stehen wir im Begriff, es zu werden, weil neunzig Prozent der Erwerbsbevölkerung von Lohn oder Gehalt leben, insofern also in ihrer Tätigkeit »abhängig« sind, und nicht nur insofern, sondern zu allermeist auch in ihrer Arbeit selber, die sie nach Plänen, Dispositionen und Weisungen ausführen, die ihnen von anderen vorgezeichnet werden? Die selbständige Anordnung der Arbeit wie der Arbeitszeit ist den meisten versagt. Gleichwohl läßt sich das nicht über einen Kamm scheren. Die Unterscheidung zwischen Selbständigkeit und Abhängigkeit, zwischen Selbstbestimmung und Fremdbestimmung ist nicht so scharf und unbedingt, es gibt da Relativitäten, Bezirke selbständiger Disposition und eigener Verantwortung innerhalb der Abhängigkeit vom Gesamtplan, auch im technischen Industriebetrieb. Aber das ist nicht alles. Der Mensch hat nicht nur eine Funktion und einen Platz im betrieblich organisierten Wirtschaftsleben. Er hat am Ende auch eine private Existenz. Ich wundere mich, daß man bei der Untersuchung unserer gesellschaftlichen Verhältnisse so oft wie gebannt auf die Arbeit starrt und so wenig Schlüsse ziehen mag aus der Beobachtung der privaten Existenzen, auch in wirtschaftlicher Hinsicht. Die Arbeits- und Lohnabhängigkeit der überwiegenden Menge der Erwerbspersonen könnte für sich allein zu einer skeptischen Diagnose verleiten – in dem Sinne: nein, Bürger sind das nicht, ein Bürgertum kann man das nicht mehr nennen. Aber im Bereich der Privatexistenz, im Bereich der Häuslichkeit, kann man bei uns ganz erstaunliche Wahrnehmungen machen. Zum Beispiel die, daß da ein ungeheures Geldvermögen vorhanden ist: Nach den Berechnungen der Bundesbank zur Zeit ungefähr ein und ein Drittel Billionen Mark. Und man darf wohl vermuten, daß diese Eigentumsmasse der Privatleute sich mit dem Eigentum der öffentlichen Hand und anderer Kollektivitäten durchaus messen kann. Weiter zum Beispiel kann man die Entdeckung machen, daß mehr als 90% aller deutschen Haushalte in der Bundesrepublik Sparbücher führen, meist mehrere. Und schließlich zum Beispiel die Entdeckung, daß gewiß zwei Fünftel, vielleicht bald annähernd die Hälfte aller privaten Haushalte Haus und Grund besitzen. Übrigens ist ja auch der Rentenanspruch zu einem gewissen Grad als Eigentum anzusehen, wie wir gerade jüngst von unserem höchsten Gericht gehört haben.

Das Eigentum ist gewiß ungleich verteilt, aber es ist sehr weit und breit verteilt – derart, daß nur 2% der privaten Haushalte als vermögenslos bezeichnet werden. Ich sage »nur« 2%, und so sagen auch die Statistiker – »dieser Wert erscheint außerordentlich niedrig«, heißt es in einer einschlägigen Darlegung aus dem Statistischen Bundesamt –, doch will ich gleich hinzufügen, daß 2% Vermögenslose immer noch zu viele Vermögenslose sind. Ebenso gewiß aber ist diese Menge nicht groß genug, daß man daraus eine proletarische Klasse rekrutieren könnte. Kurz, das Merkmal des Eigentums ist in hohem Maße gegeben, und wo privates Eigentum ist, da darf man in der Regel auch »eine gewisse unabhängige Wirtschaftsplanung« annehmen, und das heißt eine relative Selbständigkeit auf der Seite des Privatlebens, wie abhängig einer auch auf der Seite des Arbeitslebens sein mag. Der Eigentümer strebt nach Sicherheit, auch nach Freiheit, zunächst nach seiner Freiheit, schließlich aber muß oder sollte er wahrnehmen, daß seine Freiheit nicht bestehen kann ohne die Solidarität der allgemeinen Freiheit im Staat.

Ich sage nicht, daß 98% Eigentümer auch 98% Bürger seien. Aber soviel darf man doch folgern, daß dieses elementare Merkmal des Bürgers mitsamt gewissen moralischen Begleiterscheinungen sehr weit verbreitet ist. Es ist so weit verbreitet, daß es schwer geworden ist, eine spezifische bürgerliche Klasse von anderen Klassen überhaupt noch abzugrenzen. Die Wissenschaft, welche die tatsächlichen gesellschaftlichen Verhältnisse erforscht, zieht es darum zumeist vor, von bloßen Schichten zu reden, denen sie neutrale Namen gibt: Unterschicht, Mittelschicht, Oberschicht und dergleichen. Man kann aus alledem den Schluß ziehen, das Bürgertum sei verschwunden, weil es sich in der Breite der Gesellschaft aufgelöst habe. Aber ebensogut könnte das Fazit lauten, das Bürgertum sei so schwer aufzufinden, weil beinahe alle Leute Bürger geworden seien.

Wie man es nun auch wenden mag, es scheint jedenfalls eine gewisse wirtschaftliche und gesellschaftliche Bedingung erfüllt zu sein dafür, daß eine Bürgerschaft sich bilde und bewähre. Eine Bedingung, mehr freilich nicht. Eine sozialökonomische Unterfütterung gleichsam ist vorhanden; vielleicht kann man es auch einen Wurzelboden nennen, woraus eine Bürgerschaft erwachsen kann – eine solche Bürgerschaft nämlich, die nicht bloß ein idealistisches Schemen und eine politische Sonntagspredigt wäre, sondern ein Wesen, ein Gemeinwesen aus Fleisch und Blut und mit Hand und Fuß, ein Begriff, der auf zwei Beinen gehen kann. (Es gibt ja

Länder, wo der Name »Bürger« nur dafür verliehen wird, daß man bei der Polizei registriert ist.) Alle können Bürger sein oder werden, die Selbständigen wie die Lohnempfänger, die Arbeiter, die Angestellten und die Beamten, die Arbeitnehmer wie die Arbeitgeber. Wenn sie nur ein deutliches Bewußtsein ihrer Möglichkeiten fassen wollten. Nicht ein Klassenbewußtsein, sondern ein Bürgerbewußtsein. Denn der Bürger ist – um noch einmal Immanuel Kant zu zitieren – »der Bürger ist ein Mitglied der Gesellschaft, welche man Staat nennt«: Diese einfache Definition ist keineswegs veraltet, so wenig, daß sie erst heute bei uns anfängt, Gestalt anzunehmen. Die Bürgerschaft ist selber ein Staatsorgan, das umfassendste von allen. Ich wünschte, daß man diese Würde sich zu eigen machte, anstatt auf den »Vater Staat« als etwas ganz anderes hinzuschielen, die Behörde, der man die Steuern zahlt, und an die man Ansprüche richtet. Die Behörde ist nicht der Staat, die Bürgerschaft ist der Staat. Der bürgerliche Freisinn kann sich freilich auch nicht im Abfassen und Unterzeichnen von Protestresolutionen erschöpfen. Er denkt womöglich selber über Lösungen nach, er übernimmt Verantwortung. Kläglich ist es, wenn die Leute sich in der Ohnmacht wohlfühlen, wenn sie mit Fleiß »kleine Leute« sein wollen, die mit der sogenannten »Macht« der Regierenden nichts zu tun haben. Die Macht, das ist ein Gruselwort. Alle Macht unserer Regierungen ist ja eine Amtsmacht, sie lebt aus der Vollmacht der Bürger, aus unserer Anvertrauung. Wir sind keine kleinen Leute, wir sind Bürger, wenn wir nur wollen. In Wahrheit haben wir ringsum Beispiele bürgerlicher Tätigkeit, also aktiver Bürgerschaft in Hülle und Fülle. Jede Selbstverwaltung bietet sie – vom Kleingartenverein bis zur Hochschule, vom Betriebsrat bis zum Industrieverband und zur politischen Partei. Um noch ein markantes Beispiel anzuführen: Auch die Tarifautonomie ist eine Institution der Bürgerschaft. Die Kontrahenten üben in ihrer Verhandlung, indem sie ihre Interessen miteinander ausgleichen, eine bürgerliche Tätigkeit aus, ob sie es wissen oder wahrhaben wollen oder nicht: Es wäre freilich besser, sie wüßten es. Ich versage mir weitere Beispiele. Aller Selbstverwaltung kann die Stadtgemeinde als Muster dienen, die Stadt, wie wir sie heute feiern, die Stadt als die Urheimat des Bürgers.

Meine Damen und Herren, es sind uns im Laufe der Jahre und Jahrzehnte, wenn ich zurückdenke, so manche Vorschläge gemacht worden, welches der herrschende Typus der Epoche sei, teils in diagnostischer, teils in warnender, teils in empfehlender und teils in befehlender Absicht. Ich habe von Keyserling gehört, der repräsentative Typus unserer Zeit sei der Chauffeur, also der Maschinenlenker, von dem Dichter Ernst Jünger in ganz ähnlichem Sinne, es sei der technisch eingespannte, selber technoide »Arbeiter«; der gelehrte Alfred Weber in Heidelberg hat das Schreckbild eines »Vierten Menschen« aufgestellt, eine Art von ziellosem Funktionär, der für alles und jedes eingesetzt werden kann. Ich schweige von dem tierischen Ideal der Züchtung, der Rassen-Auslese und -Ausmerzung. Ich meinerseits halte dafür, daß die meiste Aussicht noch und wieder der Bürger habe, der Bürger möglichst in beiderlei Sinn, gewiß in dem der Bürgerschaft, vielleicht auch in dem des Bürgertums – der Bürger und natürlich auch die Bürgerin. Ich weiß nicht, ob es spät ist oder früh – in der Geschichte überhaupt und in der Geschichte des Bürgers. Ich möchte hoffen, daß ihm die Zukunft gehört. Ich lade Sie ein, meine Damen und Herren, diese Behauptung mit bürgerlichem Freimut zu prüfen.

Die versunkene Stadt

Über Hannah Arendts Idee der Politik

I

Niemand hat in unseren Tagen die Idee der antiken Polis so entschieden ergriffen und so hell leuchtend gemacht wie Hannah Arendt. Ich spreche nicht von historischer und philologischer Untersuchung, nicht von den Subtilitäten der Interpretation der »Politik« des Aristoteles (oder der »Politeia« des Platon), sondern von der philosophischen Aneignung, von der präzisen Wiederbelebung des griechischen, genauer: des aristotelischen Begriffs von Polis, Politik und Bürgerschaft. Und ich nenne es eine »philosophische« Erweckung, obwohl ich weiß, daß sie selbst in ihrem unbekümmerten Eigensinn, der keinen lässigen Wortgebrauch dulden mochte, zwischen Philosophie und Politik, zwischen dem Bereich der Kontemplation und dem Bereich des Handelns eine so scharfe Demarkationslinie hat ziehen wollen, daß der Ausdruck »Politische Philosophie« ihr zum hölzernen Eisen wurde und als ein Widersinn erschien. Ihr »Fach« sollte darum nicht »politische Philosophie« heißen, sondern »politische Theorie«. Die Unterscheidung ist gewiß sinnvoll und verständlich, sie ist auch ungemein charakteristisch für die unbeugsame Kraft und Beharrlichkeit des Unterscheidens, die ihre gesamte Denkweise auszeichnet, und von der wir alsbald weit gewichtigere Beispiele kennen lernen werden; aber sie hat – in diesem Falle – etwas rührend Vergebliches: Auch die energischste Rehabilitierung des Handelns in seiner Eigenart, auch die trotzigste Umkehrung der Rangordnung von Denken und Tun als von Einsamkeit und Öffentlichkeit, auch die dringlichste Beschwörung der Freiheit, daß sie einzig als praktische und das heißt als politische – im Raum der Polis – wirklich werde, bleibt unweigerlich eine philosophische Bestrebung. Hannah Arendt hat keinen Staat gegründet, keine Verfassung entworfen, keine Revolution entfacht, sondern sie hat das Wesen der Staatsgründung, das Wesen des freien Verfassungslebens, das Wesen der Revolution zu erkennen, in Begriffe zu fassen, der Wirrnis der Geschichte und dem Labyrinth der Erfahrung zu entreißen unternommen – und so ist sie ein Philosoph geblieben. Das ungefähr ist es, was ihr vor allem verdankt wird. Ihr Name bezeichnet eine ebenso radikale wie originale Erneuerung der politischen Philosophie, nämlich des Begriffs, der Vorstellung, des Ethos und des Pathos des Politischen.

II

Es ist in der Tat der aristotelische Begriff, aus allen Konventionen, Vermischungen, Trübungen herausgehoben, frisch wie eine neue Schöpfung. Der aristotelische und keineswegs der platonische. Kaum einen klassischen Satz hat sie so häufig und so freudig zitiert wie den aus dem Ersten Buch der »Politik« des Aristoteles, daß der Mensch von Natur ein politisches Wesen und daß er zugleich das einzige Wesen sei, das Sprache (Logos) habe. Und sie hat diese Doppelbestimmung in immer neuen Wendungen zu einer einzigen zusammengezogen, ihr auf diese Weise eine pralle, ganz sinnliche, durchaus erfahrbare Bedeutung verliehen oder abgewonnen: »Menschen sind nur darum zur Politik begabte Wesen, weil sie mit Sprache begabte Wesen sind«[1], weil nämlich Politik im Miteinander-Reden – und freilich auch im Miteinander-Handeln – bestehe. Die Phänomene der Beratung und der Debatte treten immer wieder dort in ihren Erörterungen hervor, wo sie im historischen wie auch im aktuellen Medium die Idee der Politik auftauchen sieht, so bei den amerikanischen Verfassungsvätern, so bei den rebellierenden Studenten, so bei den Arbeiter- und Soldaten-Räten, denen sie zur Verwunderung vieler ihrer Freunde und Verehrer eine elementare Sympathie entgegengebracht hat. Es läßt sich in ihren Schriften ganz bequem verfolgen, daß jene aristotelische Definition ihr wahrhaftig bei allen diesen Vorgängen im Sinn liegt, wiewohl sie so ganz anderen Epochen angehören, so ganz anderen Motiven entspringen, so ganz anderen Zielen zustreben, und wiewohl sie im gleichen Atemzug diese Unähnlichkeiten, zumal die radikale Unähnlichkeit der modernen und der antiken Lebenswelt emphatisch hervorkehrt: Es ist diese Paradoxie der Wiederkehr im Unterschied, die im innersten Kern, im Herzen ihres politischen Denkens rumort, und sie ist, scheint mir, niemals aufgelöst worden.

Wenn geradezu von der Polis selber die Rede ist, so werden die Redeformen der Beratung und der Debatte zumeist von einem anderen Phänomen überstrahlt, das nun freilich mit Aristoteles wenig, um so mehr wohl mit den alten Dichtern, vielleicht auch den

Geschichtsschreibern zu tun hat. Das ist der Rede-Wettstreit, der Agon der Worte. Wie denn überhaupt das Moment des *nobile certamen,* des Wetteifers im Reden wie im Handeln, der »Begierde sich auszuzeichnen«, ein höheres Spielmoment eigentlich, in dem Bilde, das sie sich von der Polis nicht nur, sondern von Politik überhaupt und schlechthin gemacht hat, eine zentrale Stelle einnimmt. Das hat mich immer sehr überrascht. Zwar ist uns von der Schule und von den klassischen Philologen von je die Vorstellung des »agonalen« Lebens eingeprägt worden, beinahe ist es ein Gemeinplatz; aber wohl nie zuvor ist dieses Phänomen – das uns, was die Reden anbetrifft, am schönsten in Platons »Gastmahl« anschaulich wird – philosophisch so ernst genommen worden wie hier und vor allem ist es gewiß nie zuvor in die Wesensbestimmung und -beschreibung des Politischen eingegangen. Der Wettstreit der Worte und Taten als Pulsschlag des Staates! (Wenn ich es in dieser Weise ausdrücke, wird der gewaltige Abstand fühlbar, in dem diese politische Philosophie zur heutigen Politischen Wissenschaft oder auch zur Staatslehre sich befindet.) Die nähere Analyse dieses Phänomens, wie Hannah Arendt sie – ohne alle Pedanterie, immer geführt, auch entführt von einer leidenschaftlichen Denkphantasie – da und dort entworfen hat, zeigt den Einzelnen, den Bürger der Polis, in der Doppelrolle des Akteurs und des Zuschauers, er existiert »in einem Zuschauerraum, in dem aber ein jeder zugleich Zuschauer und Mithandelnder ist«, und eben diese Art von »Publikum«, von Öffentlichkeit, dies genau sei die Polis[2], dies konstituiere den »politischen Bereich« überhaupt.

Auf den ersten Blick scheint solch ein Begriff von Politik sehr hochgespannt, das Phänomen, das er bezeichnet, sehr selten zu sein. Die Autorin war selber von seiner historischen Seltenheit überzeugt. Immerhin fand sie es doch einmal in vollkommener Reinheit wieder, fand sie auch denselben Gedanken in aller Klarheit noch einmal ausgesprochen: »Every individual is seen to be strongly actuated by a desire to be seen, heard, talked of, approved and respected by the people about him, and within his knowledge.« Das ist John Adams, der gelehrteste unter den »gründenden Vätern« der amerikanischen Union, zugleich derjenige, dem Hannah Arendt auch die lebhafteste Zuneigung bezeugt – und sie hat zu allen ihren Meistern ein herzliches, ja ein liebendes Verhältnis, in dessen Wärme die Geister sich zu beleben scheinen: Platon, Machiavelli, Kant, Adams und Jefferson, ja Marx. Und solche »Begierde, von den Leuten ringsum gesehen, gehört, beredet zu werden, ihren Beifall und ihre Achtung zu gewinnen«, habe, sagt sie, für Adams den Rang einer politischen Tugend besessen.[3] Gewiß ist, daß sie selber so dachte und so empfand, unbeschwert oder doch ungestört von allem psychologischen Argwohn, auch von allem christlichen, Pascalschen Eifer, die menschliche »Eitelkeit« zu besiegen, die doch unbesieglich ist. Die Innenseite der Triebe, Interessen und Motive geht die Öffentlichkeit nichts an, ist ohne Belang für den öffentlichen und das heißt für den politischen Bereich, das Scheinen ist hier das Sein, und die Seinslehre, die Ontologie der Politik, die hier ausgelegt oder ausgegraben wird, kennt keine Psychologie. Mit allem Übermut, der ihr zu Gebote stand, hat Hannah Arendt die moderne psychologische und soziologische Entlarvungswissenschaft für pure Misanthropie erklärt, die heute doch endlich den Status der Wissenschaft erlangt habe.[4]

III

Wider den Anschein sind wir mit jenen Bestimmungen doch von Aristoteles nicht fern. »Denn eine Vielheit seiner Natur nach ist der Staat«, heißt es im Zweiten Buch der »Politik«, an der tiefsinnigen Stelle, die die entscheidende, die durchschlagende Kritik an Platons Einheitsstaat bildet: Wenn man den Staat in eine Familie zu verwandeln oder gar nach Art einer Person zu einigen imstande wäre, »so dürfte man es doch gar nicht tun, weil man den Staat damit aufheben würde«.[5] In dieser Spur ist Hannah Arendt durchweg und unbeirrbar geblieben – unerachtet aller ihrer philosophisch-literarischen Verehrung für Platon. In allen ihren einschlägigen Schriften kehrt das Moment der Vielheit, der Pluralität, wieder als das fundamentale Konstituens des politischen Bereichs, aus welchem dann jenes Miteinander-Reden und Miteinander-Handeln wie auch jener Wettstreit und jene »Begierde sich auszuzeichnen« erst erwachsen. So entschieden beharrt sie auf diesem »existentiellen« Grund und Merkmal der Vielheit und des »Umgangs mit anderen«, daß sie sich zu dem kühnen Verdikt hat hinreißen lassen, der »größte Teil der politischen Philosophie seit Plato« lasse sich als eine Geschichte der Versuche darstellen, »Politik überhaupt abzuschaffen«.[6] (Das mag für Platon selbst, dazu gewiß für Hobbes und auch für Rousseau gelten, aber ebenso sicher nicht für Thomas und seine Schüler, für Marsilius, für Locke und für Montesquieu; es gibt eine Tradition des politischen Aristotelismus seit dem späten 13. Jahrhundert, sie hat sich mächtig ausgebreitet und zumal im englisch-amerikanischen Bereich bleibende Wirkungen gezeitigt, sie ist freilich noch niemals insgesamt dargestellt und ins Bewußtsein gehoben worden.) Die Formulierung hat indessen den Vorzug, durch die Schärfe der Ausschließung die Idee der Politik vollends aus allen Verquickungen, denen der Begriff zum Opfer gefallen ist, herauszureißen und herauszuschneiden: »Politik« kommt von Polis, die Polis ist die Vielheit ihrer Bürger, die Gemeinschaft der Freien und Gleichen, sie ist »abgeschafft«, sobald sie der Einheit des Staates untergeordnet, in ihr aufgesogen und aufgehoben wird, diese Einheit ist das Ende nicht nur der Vielheit, sondern zugleich der Freiheit und der Gleichheit dieser Vielen, daher Platons utopischer Konstruktion allein darum schon ein »tyrannisch-gewalttätiges Element« innewohnt.[7] Der Vielheit (in diesem aristotelischen Sinn, und es ist genau derjenige, den Hannah Arendt meint) korrespondiert die Freiheit, der Einheit aber die Herrschaft. Herrschaft gehört in den Bezirk des Hauses, nicht in den der Polis, sie gehört ins Privatleben, nicht in die Öffentlichkeit. Herrschaft ist im genauen Wortsinn »unpolitisch – nicht der Polis zugehörig«.[8]

Es ist wahr, daß diese Unterscheidung, diese Entgegensetzung dem modernen Wortgebrauch und Begriffsvermögen strikt zuwiderläuft, insofern wir gewöhnt sind, gerade Herrschaft als politischen Elementarbegriff zu gebrauchen und das Phänomen der Herrschaft ziemlich unbesehen mit den Phänomenen der Regierung, der Macht und der Autorität zu verquicken, welche Verquickung ihre lange und breite Vorgeschichte hat, in der neueren Sozialwissenschaft im besonderen aber leider vorab durch den Vorgang des großen Max Weber geradezu maßgeblich geworden ist. Und doch hat Hannah Arendt in diesem Punkt nichts anderes getan, als die Phänomene und Begriffe freizulegen, die dem Aristoteles selbstverständlich waren – sie freizulegen und freilich auch sie ernstzunehmen. Daher ihr entschiedenes, schockierendes, doch vollkommen konsequentes – und durchaus aristotelisches – Diktum: »Herrschaft zerstört... den politischen Raum, und das Resultat... ist die Vernichtung der Freiheit für Herrscher und Beherrschte.«[9] Ich habe gesehen, wie ihr Gesicht aufleuchtete, als in einem Seminar in Chicago Herodot verhandelt wurde, und als das Wort jenes Atheners zur Sprache kam, dem die Herrschaft über

Barbaren angetragen war: »Ich will weder herrschen noch beherrscht werden.« Das Haus dieses Mannes, schreibt Herodot, sei in ganz Persien das einzige Haus eines freien Mannes gewesen.

IV

Die Unterscheidung zwischen Haus und Staat als zwischen Herrschaft und Freiheit ist vielleicht die bedeutendste, eingreifendste, die Aristoteles getroffen hat, und er macht sie gleich auf der ersten Seite seines Werkes klar, im Widerspruch gegen seinen Lehrer Platon. Die Bürger seines Staates sind indessen nur darum frei und untereinander gleich – gleich nach der Art, Pairs von Herkunft und Gesetzes wegen –, weil jeder im Bezirk seines Hauses der Herr (griechisch: despótēs) ist, Herr nämlich über die Familie mitsamt den Sklaven. Von dieser antiken »Gesellschaft« ist die moderne durch den tiefen Graben geschieden, den die Entdeckung, Erklärung und Durchsetzung der Menschenrechte gezogen hat. Darüber hegt auch Hannah Arendt nicht den geringsten Zweifel. Im Gegenteil, sie zieht diesen trennenden Graben in Gedanken und Begriffen derart scharf nach, daß man sich zuweilen fragt, was denn eigentlich für unsere eigene Welt noch zu hoffen übrig bleibe, und ob nicht »Politik« mit der Polis selber untergegangen und versunken sei. Dennoch ist diese Denkerin, diese Schriftstellerin von romantischer Trauer und Resignation gänzlich frei, niemals hört man sie lamentieren. Auch hat sie wenigstens ein Ereignis der neueren Geschichte entdeckt, untersucht und nachgezeichnet, worin die originale Idee der Politik wiederzukehren schien: die amerikanische Revolution, die revolutionäre Staatsgründung, die Stiftung der Unionsverfassung oder – mit einem Wort, das ihr so teuer wurde, wie es den »gründenden Vätern« teuer war: die Entstehung der »Republik«. Die Analyse dieses Vorgangs steht im Mittelpunkt ihres Buches »Über die Revolution«, und es ergibt sich, grob gesprochen, daß unter allen Revolutionen, wiewohl sie sich von dem modernen Phänomen der Revolution als solchem, gleichsam elementar, fasziniert zeigt, am Ende doch allein die amerikanische den Preis verdiene, »Politik« restituiert oder restauriert zu haben. »In keinem einzigen Falle hat sich wiederholt, was in der amerikanischen Revolution zum ersten Mal in Gang gekommen war. Die verfassungsgebende Tätigkeit wurde nie wieder als die wichtigste und bedeutungsvollste aller revolutionären Taten empfunden...« (S. 206). Dabei muß angemerkt werden, daß die »verfassungsgebende« nicht bloß eine rechtsschöpfende, sondern die staatsgründende Tätigkeit war und daß sie als solche von der Autorin – einer Philosophin, nicht einer Geschichtsschreiberin – noch einmal mit dem ganzen Pathos des Anfangs beschworen wird. Es ist, als trete die »politische« Welt (im authentischen Wortsinn) von neuem aus dem Dunkel der Geschichte hervor, indem diese »Republik« geschaffen wird. Wie denn überhaupt dem »Anfangen« einer Handlung, dem ersten Handschlag eines Paktes (im Fall der Pilgerväter), der Gründung der Stadt und des Staates als Gemeinschaft von Freien durchgängig im politischen Denken Hannah Arendts eine Auszeichnung zugedacht ist bis zu dem Grade, daß sie politische Autorität – jenseits religiöser Sanktion und Legitimation – schlechthin auf den politischen Gründungsakt und seine fortdauernde Präsenz zurückführen möchte.[10]

In einem gewissen und nicht unguten Sinn blickt sie mit antihistorischen Augen in die Geschichte; Dauer, Herkommen, Wandel und Reform gilt ihr nicht viel, nicht so viel jedenfalls wie das Neubeginnen, das lateinische *principium,* die griechische *arché*. In der Sprache unseres Lehrers Karl Jaspers zu reden, sind es die »hohen Augenblicke«, die sie zu erhaschen und zu begreifen sucht, nicht freilich die ethischen, wie Jaspers es meinte, sondern eben die politischen, diejenigen, in denen das Politische als Urphänomen, als Kategorie, als »Existential« auftritt, wie flüchtig auch immer. Daher auch ihr vordringliches Interesse an der Revolution, deren »Ludergeruch« sie spöttisch und nicht ohne höheren Leichtsinn in Kauf nehmen wollte. Was aber das aristotelische oder klassizistische Moment der amerikanischen revolutionären Gründung anlangt, so kann sie sich hier zum wenigsten auf den großen und schlichten Revolutions-Publizisten Thomas Paine berufen, der den verblüffenden Satz geprägt hat: »What Athens was in miniature, America will be in magnitude.« Er meinte die Republik der freien Bürger. Er meinte allerdings die »repräsentative« Republik – der er die Rekonstruktion der Polis bei weitem Raum und zahlreicher Bevölkerung zutraute – und von ihr wiederum will Hannah Arendt nicht so sehr viel wissen. Sie hält es mit dem alternden Jefferson, der beklagte, daß man vergessen habe, die Gemeinden, die autonomen kleinen Gemeinschaften überhaupt, in der Verfassung zu verankern. Und es ist dieses Versäumnis, es ist das Gewicht der Zentral-Organe und die Reduktion des »Miteinander-Handelns«

auf die Mitglieder der repräsentativen Körperschaften, die Verurteilung der Vielen zur Rolle einer bloßen Wählerschaft, was ihr als die entscheidende Unvollkommenheit, die peinliche Verfehlung, der traurige Ausgang der amerikanischen Revolution erscheint, beinahe als ein Scheitern, aber doch nur beinahe. Sie ist bei alledem und trotz allen erregenden öffentlichen Erfahrungen ihrer eigenen Zeit in New York und in den USA überhaupt im Grunde eine überzeugte »politische« Amerikanerin, ein »citizen« von ganzem Herzen geworden. (Es ist unnötig hinzuzufügen, wie sehr sie gleichwohl eine deutsche Denkerin und Schriftstellerin geblieben ist, wir wissen es so gut, wie sie selbst es wußte und bekannte.)

V

Denkend bewegt sich dieser Geist in der antiken Polis wie das Sonntagskind des Märchens in den Gassen der versunkenen Stadt. Traumhaft hell und sicher findet sie sich zurecht, freudig schlägt sie die Augen auf und erkennt den Markt, die Versammlung, auch die Akademie, hört sie die großen Worte, sieht sie die großen Taten, atmet sie die Luft der Freiheit. Zu den bleibenden, ja großartigen Erkenntnissen von Hannah Arendt müssen wir die Sonderung der positiven Freiheit – des Teilhabens und handelnden Teilnehmens an den öffentlichen Angelegenheiten – von den gesellschaftlichen Befreiungen und ihrer Frucht, den von Staats wegen geschützten privaten bürgerlichen Freiheiten zählen. Niemand sonst hat derart scharf diese Beschränkung des Rechtsstaats kenntlich gemacht. So hat sie selbst, in Gedanken, eine »Constitutio Libertatis« vorgenommen. Aber es brauchte keinen Hahnenschrei, sie aus der versunkenen Stadt an die Oberwelt und in die Gegenwart zurückzubringen, sie kennt sie gründlich und aus Erfahrung, auch solcher am eigenen Leibe. Es war vor allem anderen die Erfahrung des Bösen. Denn so müssen wir doch letzten Endes das System von Ideologie und Terror bezeichnen, den »Totalitarismus«, dem Hannah Arendt in einer äußersten Anstrengung des Erkenntniswillens nachgeforscht hat, und zwar dem nationalsozialistischen wie dem bolschewistischen gleichermaßen. »So verschieden diese beiden Ideologien voneinander sind, so großartig erfüllt von den besten abendländischen Traditionen der dialektische Materialismus, so kläglich vulgär, wiewohl auf einem echten Erfahrungselement basierend, der Rassismus –: es läuft in jedem Falle auf ein

Gesetz der Ausscheidung von ›Schädlichem‹ oder Überflüssigem zugunsten des reibungslosen Ablaufs einer Bewegung hinaus, aus der schließlich gleich dem Phönix aus der Asche eine neue Art Menschheit erstehen soll. Würde das Bewegungsgesetz in positives Recht übersetzt, so könnte sein Gebot nur heißen: Du sollst töten!«[11]

Man muß zugeben, daß diese »Erklärung« kaum übertroffen werden kann, daß es schwerfallen wird, rationale Analyse noch weiter zu treiben, solange jedenfalls, als man das Böse des unvergleichlichen Phänomens unverrückt im Auge behält. Dies eben war ihre Leistung. Es war dieselbe geistige Furchtlosigkeit, die sie unmittelbar nach dem Kriege gegen die These von der deutschen »Kollektivschuld« auftreten und das befreiende – nicht durch moralische Sentimentalitäten, sondern durch präzise Erkenntnis des totalitären Mechanismus befreiende – Wort von der »organisierten Schuld« finden ließ.[12] Und es war abermals dieselbe geistige Furchtlosigkeit, die sie nachmals in so peinvolle Bedrängnis von der Seite ihrer Mitjuden in Israel und Amerika gebracht hat, als sie ihrerseits nicht verschweigen und verkleinern mochte, was der Gerichtshof in Jerusalem beim Eichmann-Prozeß auszusparen bestrebt gewesen war: die Kooperation der »Judenräte« mit den Nazi-Behörden bei der Verfolgung und Vertilgung des jüdischen Volkes.[13] Ich sage nicht, daß solche Furchtlosigkeit das letzte Kriterium und die einzige moralische Rechtfertigung der Erkenntnis in menschlichen Angelegenheiten sei; sie könnte sehr wohl durch Rücksicht – die eine gesellschaftliche Tugend ist –, vielleicht durch Barmherzigkeit gedämpft oder doch tingiert werden. Hannah Arendt aber war zu kühn, um weise zu sein.

VI

Die »totale Herrschaft« war und ist in der Tat ein »modernes« Erzeugnis, das jenseits des Politischen lokalisiert ist, das von der fortdauernden und fortschreitenden Aufzehrung aller Freiheiten, der aktiven wie der passiven, der öffentlichen wie der privaten, lebt und sich mästet. Wenn schon Herrschaft als solche, selbst die erdachte des platonischen Philosophenkönigs, als eine widerpolitische, weil tyrannische oder, besser, despotische Erscheinung aus der Polis (das Wort im historischen wie im weitergreifenden philosophischen Sinn verstanden) auszuscheiden war, so muß totale

Herrschaft vollends aus allen überlieferten Kategorien von Staatsformen und Regierungsarten herausfallen, selbst aus denen der Tyrannis und der Willkürherrschaft, die Aristoteles unter die schlechten, ja schlechtesten gerechnet hat. Das hat Hannah Arendts Untersuchung deutlich gemacht. Nicht so viel Aufmerksamkeit hingegen hat sie der anderen Seite der heutigen Staatenwelt gewidmet, den sozusagen konventionellen Gebilden des Verfassungsstaates, den sogenannten Demokratien. Diese scheint sie ausdrücklich oder stillschweigend an ihrem Ideal der Polis zu messen, das heißt, auf das Maß an »politischen« Möglichkeiten der Bürger zu prüfen, und in diesem Punkt genügen sie ihrem Anspruch allesamt nicht. Von ihrem Vorbehalt gegen das repräsentative System war schon in dem amerikanischen Zusammenhang die Rede. Ähnlich zurückhaltend urteilt sie über die Rolle der Parteien, und man muß leider bemerken, daß sie zwischen der Parteidiktatur und dem Arrangement mehrerer konkurrierender Parteien allzu blasse und fast nur beiläufige Unterscheidungen getroffen hat.[14] Es ist zwar verständlich, daß das neuartige Phänomen der Parteidiktatur, insofern sie das Instrument der totalen Herrschaft bildet, sich einem Erkenntniswillen, der vom Entsetzen getrieben wird, stärker aufdrängt als das wohlbekannte, auch etwas ausgeleierte Thema des Parteien-Pluralismus – es ist verständlich, aber es bleibt ungenügend, ja ungerecht. (Die Zweiparteiensysteme Englands und der Vereinigten Staaten werden in ihrer Darlegung ausdrücklich ausgenommen, doch nur mit einer knappen und lauen Anerkennung bedacht.)

Um so intensiver heftet sich ihre interessierte Sympathie an die »Räte«, Councils, Sociétés populaires, Sowjets, jene spontanen Bildungen, die – wie Hannah Arendt wohl zuerst wahrgenommen hat – in fast allen Revolutionen seit der großen französischen aufgetreten sind, zuletzt noch in der ungarischen von 1956; sie hätte übrigens auch die Soldatenräte der Armee Cromwells in der puritanischen Revolution des 17. Jahrhunderts hinzufügen können. In diesen so ephemeren Erscheinungen sah sie wahrhaftig jedesmal eine Ahnung, eine Möglichkeit von der »Politik« der Polis aufblitzen – seit Jefferson einzig in ihnen und offenbar nie und nirgend sonst. Man müßte fast einen obstinaten Hang zur historischen Rarität vermuten, wäre da nicht ein leidenschaftlicher Ernst zu spüren, der sie denn auch angetrieben hat, das Schema einer ausgebildeten Räte-Republik zu skizzieren – sozusagen eine eigene, eine antiplatonische Staats-Utopie. Die Mitwirkung wäre ganz freiwillig, daher auf diejenigen Bürger beschränkt, die an den öffentlichen Dingen teilnehmen; von ihnen wird angenommen, daß sie keiner Partei zugehören, also nach je eigener Einsicht agieren; der Staat bestünde einerseits aus einer Föderation, zugleich aber auch aus einem Stufenbau solcher Räte, mit einem nationalen Parlament an der Spitze der Pyramide; die je höheren Räte wären von den je unteren zu wählen, die sonstige Bürgerschaft, da sie nicht selber tätig wird, hätte auch keinen Anteil an der Bestellung; insgesamt müßte sich derart eine wahrhaft »politische« Elite herausbilden – sie gebraucht das Wort, wenn auch mit einigem Zögern, ja sie spricht sogar von einer »im wahrsten Sinne des Wortes ›aristokratischen‹ Staatsform«.[15] Hannah Arendt hat sich offenbar nicht gefragt, warum die Räte jedesmal ebenso rasch verschwanden, wie sie aufgetreten waren. Im Falle der russischen Oktober-Revolution klagt sie die Partei und das Parteisystem an, ihre Verdrängung verschuldet zu haben, aber das ist keine Erklärung, die Frage bleibt. Die Antwort hätte sie – mutatis mutandis – bei Aristoteles finden können: schon er zerbrach sich den Kopf darüber, nicht allein, wie die Bürger zur Teilnahme an Versammlung und Gericht zu bewegen seien – das war in Athen durch Diäten-Zahlung, die berühmten drei Obolen, in gewissem Maße gelöst –, sondern vor allem, wie in der Versammlung die Gefahr dauernder Vorherrschaft einer Partei, derjenigen der Reichen oder auch derjenigen der Armen, zu verhüten sei, und er zeigt trotz allen Maßnahmen, die er erklügelt hat, nicht viel Hoffnung, daß es gelingen könne. Um wie viel stärker würde sich das Problem der Abkömmlichkeit in der modernen Arbeitsgesellschaft stellen! Daß sich auch hier eine Muße-Klasse durchsetzen und organisieren würde, kann nicht zweifelhaft sein, sei es, daß sie sich abermals aus den »Reichen«, sei es, daß sie sich aus den »Berufs-Revolutionären« rekrutierte, die Hannah Arendt so glänzend beschrieben hat[16], und die wir in statu nascendi noch jüngst als die Beherrscher und Manipulatoren studentischer »Vollversammlungen« (das waren ja wiederum spontane Räte!) kennengelernt haben. Auch die heutigen Bürger-Initiativen liefern vielfach Beispiele für die unausweichliche Ausbildung mehr oder minder vollamtlicher Stäbe, ohne deren überlegene Kenntnis und stetige Präsenz sich zumeist alles rasch verlaufen müßte. Während der Revolution wird nicht gearbeitet, darum haben die Leute Zeit: Es ist ewig schade, daß Hannah

Arendt mit ihrem vergnügten Bon-Sens diese einfache Antwort nicht selbst formuliert hat, sie wäre gewiß weit blitzender ausgefallen.

Die Frage wie die Antwort gehört in jene »Geschichte des produktiven Müßiggangs«, von der sie klagte, daß sie noch nicht geschrieben sei.

VII

Indessen zeigt sich hier noch ein tieferer Mangel. Nicht einmal die originale Polis kam ohne Ämter aus, die übrigens, wie wiederum bei Aristoteles nachzulesen, in der Regel von den vornehmen Familien monopolisiert waren (und, nach der Meinung des Philosophen, auch sein sollten). Diese Seite der »politischen« Verfassung aber hat, soweit ich sehe, Hannah Arendt nie beachtet – weder bei ihren Gängen in der versunkenen Stadt noch bei ihren Nachforschungen in der historischen Oberwelt. Und daß ihr das ewig wiederkehrende Phänomen der Regierung so wenig dringlich, ja so gleichgültig geblieben ist – trotz der einläßlichen Erörterung des Prinzips der Gewaltenteilung im Zusammenhang mit Montesquieu und mit der amerikanischen Konstitution –, scheint mir wiederum von einer Unterlassung herzurühren, welche an ihrer so glanzvollen phänomenologischen Beschreibung des Handelns – als der ranghöchsten Form der »vita activa« – auffallen muß: Das einwohnende Ziel allen politischen Handelns bleibt seltsam dunkel, das Ziel nämlich ist die Entscheidung. Nicht die Beratung, die Debatte, der Wettstreit der Rede, der Austausch der Meinungen allein macht das Handeln und macht das »Politische« (in dem entschiedenen Sinn, den Hannah Arendt dem Worte mitgeteilt oder wiedergewonnen hat), vielmehr muß die Entscheidung mitgedacht werden, die aus alledem hervorgehen soll. Und man muß wissen, auf welche Weise die Entscheidungen erreicht, und an welcher Stelle sie zuletzt – verantwortlich – gefällt werden. »Acting is fun«, hat Hannah Arendt in einem Gespräch gesagt[17] – und ich denke mir, daß darin die Erfahrungen nachklangen, die die gelehrte junge Literatin an sich selbst gemacht hat damals, als sie im Exil in den jüdischen Hilfsorganisationen in Frankreich und Amerika ihr (von anderen gerühmtes) Talent zum Handeln entdeckte. »Handeln macht Spaß«, das ist gewiß wahr, doch zu entscheiden und die Entscheidung zu verantworten, ganz gleich ob vor einem

Verein, einer Partei, einem Sowjet, einem Parlament oder einer ganzen Nation, das kann doch eine recht qualvolle Epoche des »tätigen Lebens« sein. Ich zweifle keinen Augenblick daran, daß Hannah Arendt auch mit dieser Erfahrung innerlich vertraut gewesen ist; sie ist indessen in ihre Idee der Politik nicht eingegangen, sie bildet darin kein integrales Moment. Auch das klarste Auge hat einen blinden Fleck. Am Ende ist die Polis, die Stadt, worin sie umhergewandert ist und woraus sie die Kraft und den Glanz ihrer Begriffe gewann, doch nicht so gar versunken, wie sie geglaubt hat. Vielleicht läßt sie sich am hellen Tag wiederfinden, in historischer Metamorphose.

Anmerkungen

1 Vita Activa, Stuttgart 1960, S. 10.
2 Vita Activa, S. 191.
3 Über die Revolution, München 1963, S. 152.
4 Über die Revolution, S. 122.
5 Aristoteles, Politik, 1261 a 17-23.
6 Vita Activa, S. 216.
7 Vita Activa, S. 233.
8 Vita Activa, S. 34.
9 Über die Revolution, S. 37.
10 Vgl. Über die Revolution, S. 253 et passim.
11 Elemente und Ursprünge totaler Herrschaft, Frankfurt 1955, S. 729/730.
12 Der unvergeßliche Aufsatz »Organisierte Schuld« erschien in der Zeitschrift »Die Wandlung«, Jg. 1, H.4, Heidelberg 1946.
13 Eichmann in Jerusalem, A Report on the Banality of Evil, New York 1963, zumal S. 104-111.
14 Vgl. Über die Revolution, S. 316-318, 344-350.
15 Vgl. Über die Revolution, S. 354-360 und Crises of the Republic, New York 1969, S. 231-233.
16 Über die Revolution, S. 333.
17 Crises of the Republic, S. 203.

Antike Züge im Gesicht des modernen Staates

I

Der Begriff des »modernen Staates« hat sich in der gelehrten Geschichtsschreibung erst im Gegensatz zur mittelalterlichen Gesellschaftsordnung ausgeprägt. Das »Moderne« war die Gebietseinheit – im Unterschied zu verstreuten Besitzungen – und die allmähliche Auflösung je selbständiger Herrschaften in einer einzigen Souveränität, daher auch die Ausbildung einer zentralen Verwaltung nach mehr oder minder einheitlichen Regeln. Für die meisten Juristen und Historiker galt der »moderne Staat« lange Zeit als der Staat schlechthin. Man scheute sich, die typisch mittelalterlichen Strukturen überhaupt als »Staat« zu bezeichnen. Der Ausdruck »moderner Staat« war für diese Autoren beinahe ein Pleonasmus: der Staat war seinem Wesen nach und von Haus aus »modern«.

Allerdings haben manche Mediävisten auch dem Gegenstand ihrer Forschung den Titel »Staat« gegeben. »La chose existe«, schrieb ein neuerer französischer Historiker, die Sache selbst existiere auch im Mittelalter, wenn auch unter anderen Namen, nämlich »civitas«, »regnum« oder »res publica«. Schärfer unterschied der deutsche Rechtshistoriker Heinrich Mitteis, indem er das »Lehnrecht« der »Staatsgewalt« entgegensetzte, wie sie in der Autorität des Königs verkörpert war, und beide Elemente des mittelalterlichen Systems auch wiederum miteinander verknüpfte. Mitteis hat den Ausdruck »Verstaatung« geprägt, um den Prozeß der Entstehung jener territorialen und administrativen Einheiten zu kennzeichnen, die man »moderne Staaten« nennt. Der Modellfall ist das französische Königreich. Auf ihre Weise bezeugen also auch die scharfsinnigen Untersuchungen von Mitteis, daß in der Tat die Idee des »modernen Staates« aus dem vergleichenden Studium der rechtlichen und politischen Verhältnisse des Mittelalters erwachsen ist.

II

Der Unterschied zwischen dem modernen und dem antiken Staat liegt weit weniger offen zutage. Zum wenigsten steht er den Gelehrten im allgemeinen nicht ebenso deutlich vor Augen wie derjenige zwischen dem modernen und dem mittelalterlichen System. Die »Modernität« des modernen Staates wird zwar allgemein als ein nicht-mittelalterlicher Status aufgefaßt; ob er jedoch in ähnlichem Grad auch ein nicht-antiker sei, erscheint zweifelhaft. Niemand zögert, das antike Athen als einen griechischen »Stadt-Staat« zu bezeichnen und derart diese eigentümlichen politischen Gebilde des Altertums in den Kreis der »Staaten« aufzunehmen. So geraten sie unversehens in die Nähe des »modernen« Staates, wenn auch andererseits die Verknüpfung von »Staat« und »Stadt« kaum an typisch moderne Erscheinungen gemahnt. (Im Falle Roms tritt die Frage nicht so deutlich hervor weil wir hier zumeist von der römischen »Republik« oder vom römischen »Reich« zu sprechen pflegen.)

Tatsächlich haben sogar manche hervorragende Gelehrte den antiken mit dem modernen und den modernen mit dem antiken Staat in Vergleich gesetzt. Theodor Mommsen hat das zwar nicht ausdrücklich getan, doch schimmern in seiner Darstellung römischer Staatsverhältnisse da und dort unausdrücklich moderne Vergleiche durch, und in gewissen Momenten tritt das alt-republikanische Rom als hohes Muster hervor und der zeitgenössischen deutschen Welt gegenüber. Der politische Klassizismus setzt stets die unausgesprochene Gewißheit voraus, daß das antike Beispiel – der Bürgersinn, die Tugend, die Verfassung, der Staat überhaupt –, indem es nachgeahmt werden soll, auch nachgeahmt werden könne.

In unseren Tagen hat der deutsche Philologe Kurt von Fritz ganz ausdrücklich und sehr entschieden eine wirkliche Ähnlichkeit des antiken und des modernen Staates behauptet. Ich zitiere einen Satz aus seinen »Schriften zur griechischen und römischen Verfassungsgeschichte und Verfassungstheorie« (1976): »...Die politischen Institutionen in der Welt der Antike zwischen dem 6. Jahrhundert vor und dem 3. nach Christus haben mit den heutigen viel größere Ähnlichkeit als die Verhältnisse in allen anderen historischen Epochen vom frühen Mittelalter bis zum dritten Viertel des 18. Jahrhunderts.«

Auch findet man in der berühmten »Allgemeinen Staatslehre« von Georg Jellinek (die zuerst im Jahre 1900 erschien), der zu gleicher Zeit die Einzigartigkeit des modernen Staates und seine nahe Beziehung zu dem des Altertums betont, die erstaunliche Bemerkung, der moderne Staat habe »als Endpunkt erreicht, was für den antiken bereits Ausgangspunkt« gewesen sei: er meint den Verfassungs-Charakter und vor allem die Achtung der persönlichen Freiheit. In der Folge geht dieser große Lehrer des Öffentlichen Rechts dazu über, dasjenige Merkmal zu entwickeln, welches er ausschließlich dem modernen Staat zuerkennt, und welches, ganz unabhängig von geschichtlichen Betrachtungen, zum Kernbestand seiner dogmatischen Theorie des Staates gehört: die Souveränität.

Andere haben eine Ähnlichkeit oder auch nur Vergleichbarkeit des modernen mit dem antiken Staat kategorisch geleugnet. Zu ihnen gehörte Hannah Arendt. Sie mochte unserer heutigen politischen Welt keinen Anspruch auf irgendwelche Verwandtschaft mit der Alten Welt zugestehen, am wenigsten mit der griechischen Polis.

Ich möchte meinerseits vorschlagen, diese zweifelhafte und strittige Beziehung noch einmal von neuem zu prüfen, und auf den folgenden Seiten einen solchen Versuch unternehmen. Gibt es irgendwelche Züge des antiken Staates – soweit wir ihn aus den Quellen kennen, und ich stütze mich dabei vor allem auf Aristoteles –, die im Antlitz des modernen Staates wiederkehren? Das ist die Frage. Ich kann sie natürlich nicht in ihrer ganzen Breite und Reichweite beantworten. So will ich die Untersuchung auf wenige Merkmale einschränken, allerdings solche von wesenhafter Bedeutung.

III

Zuvor indessen sollten wir uns fragen, ob der Begriff des »modernen Staates« eigentlich noch auf die heutige Staatenwelt paßt. Leben wir selber denn in solchen modernen Staaten oder in »dem« modernen Staat? Ist diese Modellvorstellung, die aus dem historischen Vergleich – und zwar, wohlgemerkt, innerhalb der Grenzen Europas – gewonnen wurde, noch als gültig zu erweisen, wenn wir in die empirische Betrachtung heutiger Staaten und ihrer wechselseitigen Beziehungen eintreten? Das ist durchaus ungewiß.

»Das Problem der Entstehung des modernen Staates«, sagt Alessandro Passerin d'Entrêves in seinem meisterlichen Buch »The notion of the state«, »ist identisch mit dem Problem des Aufstiegs und der schließlichen Durchsetzung des Begriffs der Souveränität.« Kein Zweifel, der Begriff der Souveränität ist heute allgemein anerkannt. Zahllose feierliche Erklärungen, Verträge und Konventionen bezeugen es. Einigermaßen wunderlich mutet nur der Umstand an, daß die Grundsätze der Souveränität, der »non-intervention« und sogar der Nicht-Einmischung am häufigsten angeführt und am lautesten verkündet werden gerade von derjenigen Macht, die sie in verschiedenen Fällen während der letzten dreißig Jahre am offenkundigsten auf gewalttätige Weise verletzt hat, und die Anlaß gibt, auch gegenwärtig derartige Handlungen zu befürchten. Was man die »Breschnew-Doktrin« genannt hat, ist nichts anderes als ein Deckmantel, der das »crimen laesae suveranitatis« zu verhüllen bestimmt ist. Gerade indem sie auf der Bewahrung des »Sozialismus« besteht, bekundet sie ganz offen, daß es für die Bekenner dieser Maxime etwas Wichtigeres gibt als nationale oder staatliche Souveränität. Daraus ließe sich schließen, daß innerhalb des Bereichs des Warschauer Pakts und der vorgelagerten Länder nur eine einzige souveräne Macht sich finde, nämlich die Sowjetunion. Dieser Schluß zwingt sich erst recht auf, wenn man der Definition von Carl Schmitt folgt, wonach die Souveränität bei derjenigen Instanz lokalisiert sei, welche »über den Ausnahmezustand zu entscheiden« und demgemäß zu handeln vermöge. Diese Bestimmung ist zwar ursprünglich auf innerstaatliche Verhältnisse gemünzt, ließe sich indessen ebensogut auf ein supranationales Partei-Imperium anwenden wie das sogenannte »sozialistische Lager«. So erhebt sich die Frage: Ist die Sowjetunion ein charakteristisches Exempel für den »modernen Staat«?

Andererseits sehen wir im Westen verschiedene internationale Organisationen, welchen die einzelnen Staaten gewisse Elemente ihrer jeweiligen Souveränität zu übertragen ausdrücklich eingewilligt haben; jeder von ihnen nimmt zugleich an gemeinsamen Entscheidungsprozessen teil, deren Resultate alle gleichermaßen binden. Die Europäische Gemeinschaft ist das vertrauteste Beispiel. Hier erhebt sich nun die Frage, ob Frankreich, Großbritannien, Deutschland, Italien und die übrigen Mitglieder, da sie doch ihre je einzelne volle Souveränität aufgegeben haben, darum also keine charakteristischen Exempel des »modernen Staates« mehr seien. Ob die neueste Staatenwelt des Westens etwa einen postmodernen Typus Staat repräsentiere. Man mag zum Beispiel in der

Brüsseler Kommission auch wieder eine Art fragmentarischer Staatsverwaltung erkennen, die dem Verein der Mitgliedstaaten insgesamt zur Verfügung steht, aber diese Erkenntnis trägt zur Beantwortung unserer Frage kaum etwas bei. Daß ihr selber ein staatsartiger Charakter zukomme, mag zutreffen. Wo aber ist jetzt die Souveränität lokalisiert? Souveränität kann man nicht mit anderen teilen und gemeinsam innehaben, sie kann auch nicht in Teilen an eine dritte Instanz abgegeben oder übertragen werden.

Mit anderen Worten: Entweder müssen wir die Idee und das Phänomen des »modernen Staates« einer vergangenen Epoche der Geschichte zuordnen oder aber das Merkmal der Souveränität aufgeben und den modernen Staat neu definieren. Ich ziehe die zweite Lösung vor. Ich hatte schon immer den Verdacht, die Souveränität sei uns vom monarchischen Absolutismus überkommen und ihr abstrakt-juristischer Begriff sei gleichsam das Gespenst des enthaupteten Königs, das sich hartnäckig weigert, den Platz auf dem Thron des Staates zu verlassen. In dem Augenblick, da wir uns entschlössen, diesem Geisterwesen den Abschied zu geben, käme uns das innere Leben des heutigen modernen Staates – unseres Typs von Staat – erst recht zu Gesicht. »Unser Typ von Staat«, das ist der Verfassungsstaat oder, wenn man den amerikanischen Ausdruck vorzieht, die konstitutionelle Demokratie. Man erkennt dieses System daran, daß die Regierung aus Wahlen hervorgeht, daß mehrere politische Eliten miteinander konkurrieren und daß eine loyale Opposition möglich ist, ferner an der Verwaltung nach Gesetzen, an der Unabhängigkeit der Justiz, an der Geltung von Bürgerrechten und an der freien öffentlichen Diskussion – um nur die deutlichsten Kennzeichen anzuführen, die denn auch tatsächlich einer ganzen Anzahl empirischer Staaten gemeinsam sind, jedenfalls im Westen. Ich treffe diese normative Entscheidung. Und ich meine, wir sollten daran festhalten, daß »modern« derjenige Staat heißt, der die Freiheit seiner Bürger sichert. Ich glaube auch nicht, daß dies eine willkürliche Entscheidung, eine Definition aus purer Laune ist. Einige dieser Wesensmerkmale werden nahezu weltweit anerkannt. Auf allen Kontinenten sind die Völker tätig, geschriebene Verfassungen einzuführen, und selbst totalitäre Einparteien-Systeme wenden seltsamerweise große Mühe daran, periodische Wahlen zu veranstalten und irgendwelche repräsentativen Körperschaften einzurichten. Imitation zeugt für Anerkennung.

IV

An diesem Punkt treten die Alten auf den Plan. Genauer gesagt, ist es Aristoteles. Wir müssen jenen tiefsinnigen Satz aus dem Zweiten Buch der »Politik« in Erinnerung rufen, der in der guten alten Übersetzung von Susemihl lautet: »Denn eine Vielheit seiner Natur nach ist der Staat...« Es ist ein entschieden polemischer Passus, er richtet sich gegen Platon, der den Staat gerade nicht als Vielheit, sondern als Einheit auffaßt, wenn er ihn mit dem Menschen oder mit der menschlichen Person in Vergleich setzt. »... um zu einer Einheit zu werden«, fährt Aristoteles fort, »müßte der Staat zur Familie und aus der Familie schließlich zum Einzelmenschen werden.« Und er schließt die Erörterung mit der großartigen ethisch-politischen Warnung: »Und wenn man auch wirklich imstande wäre, den Staat in solcher Weise zu einigen, so dürfte man es doch gar nicht tun, weil man damit den Staat aufheben würde.« Hier läßt sich die fundamentale Alternative greifen. In ontologischer Fassung ist es die Alternative von Einheit und Vielheit. In moderner politisch-juristischer Sprache ist es die Alternative zwischen Souveränität und Verfassungswesen. Jean Bodin, der zuerst die Lehre von der Souveränität aufgestellt hat, bezeugt die Unverträglichkeit von Souveränität und Verfassungswesen sehr prägnant mit der Definition des Bürgers (citoyen), wie sie in seinen »Six Livres de la République« gegeben wird. Sein Citoyen ist als »Untertan (sujet) eines Souveräns« bestimmt. Zu dieser paradoxen Verwandlung gelangt hier der Bürger, der authentischerweise doch das Glied einer »politeia«, eines Gemeinwesens war. Der Satz des Aristoteles über die »Vielheit« oder die Pluralität oder die »pluralistische« Natur des Staates ließe sich, wenn man den Anachronismus für einen Augenblick gestattet, durchaus auch als Absage an die Souveränitäts-Doktrin auslegen.

Jedenfalls hat Aristoteles den Staat (»polis«) auf die Vielheit und die Verschiedenheit seiner Bestandteile gegründet, und das heißt auf die Vielheit und Verschiedenheit der Bürger und der Haushaltungen. Der englische Herausgeber der »Politik« des Aristoteles, W. L. Newman in Oxford, hat in seiner Einleitung – sie stammt vom Jahre 1887 – die überraschende Bemerkung gemacht, dieser Ausspruch des Aristoteles sei weiterreichend, als er vielleicht selbst habe wissen können. »Er liefert die Erklärung, wie es möglich wurde, daß der ausgedehnte nationale Staat der modernen Zeit an die Stelle des kleinen Stadt-Staats der Antike gerückt ist.« Dieser hervorragende Philologe war offenbar der »antiken Züge im Gesicht des modernen Staates« so sicher, daß er die alte Polis und den modernen Nationalstaat ohne Zaudern unter ein und dieselbe Kategorie zu bringen vermochte. Ich nehme an, er war der Meinung, beide seien aus Bürgern zusammengesetzt. Und das trifft wahrhaftig zu.

V

Die Idee der Bürgerschaft, der Bürger als Element oder Glied des Staates – das ist ganz augenscheinlich das einfachste und handgreiflichste Exempel der Übereinstimmung zwischen dem antiken und dem modernen (westlichen) Staat. Das liegt zutage, man sieht es auf den ersten Blick. Die Wörter bezeugen den Zusammenhang: Der englisch-amerikanische »citizen« stammt wie der französische »citoyen« von der »civitas«, und »civitas« ist die lateinische Entsprechung von »polis«. Diese Entwicklung hat vermutlich ihren Ursprung in der lateinischen Version der aristotelischen »Politik«, also im dreizehnten Jahrhundert. Der »American citizen« ist gang und gäbe, der englische »citizen« hingegen zieht es, eigensinnig, wie seine Natur ist, noch immer vor, »Untertan« geheißen zu werden, »British subject«. Der deutsche Fall liegt sprachlich anders, der deutsche »Bürger« schreibt sich von der »Burg« her, aber die »Burg« ist bedeutungsgeschichtlich auch nichts anderes als die »Stadt«, welchem Wort freilich nicht derselbe entschieden »bürgerliche« Sinn beiwohnt, wie er der griechischen »polis« durch die Philosophen und durch die Geschichte selbst zugewachsen ist, und wie ihn die römische »civitas« schon in der bloßen Wortbildung mitführt. Geistesgeschichtlich war es gewiß der politische Aristotelismus des späten Mittelalters, der zuerst die klassische »Stadt« als Modell des Staates aufgestellt und eingeführt hat. Er hat auf diese Weise die Entstehung des »modernen« Verfassungsstaates geistig vorbereitet, ja eingeleitet.

Indessen bleibt die Frage noch zu beantworten, ob denn der moderne Bürger dem antiken, die moderne Bürgerschaft der antiken wirklich ähnlich sei. Es sind da doch erhebliche Unterschiede zu bedenken, zuerst der Unterschied der Zahl. Sehen wir näher zu, so zeigt sich, daß eben jene »Vielheit«, jene »Menge« (»plethos«), welche den Aristoteles-Ausleger W. L. Newman verleitet hat, den ausgedehnten modernen Nationalstaat mit dem kleinen griechischen Stadt-Staat in Zusammenhang zu bringen, gerade den Unterschied markiert. Im Siebten Buch der »Politik« gibt es ein Kapitel, das die Frage nach der rechten Größe der Polis behandelt. Dort heißt es, die Menge müsse groß genug sein, »Autarkie«, wirtschaftliche Selbstversorgung der Stadt zu ermöglichen, aber wiederum nicht so groß, daß die wechselseitige Bekanntschaft und Bekanntheit unter den Bürgern unmöglich werde. Im besonderen müßten die Leute die Eigenschaften derjenigen ihrer Mitbürger kennen, die für die öffentlichen Ämter in Frage kommen. (Athen zählte zur Zeit des Aristoteles rund zwanzigtausend Bürger; die Bevölkerung insgesamt, mit Einschluß der Frauen und Kinder, der Sklaven, Fremden und Schutzbefohlenen, mag zweihunderttausend Köpfe betragen haben.) Was nun das Problem der Kommunikation angeht, so ließe sich wohl geltend machen, daß die modernen »Massenmedien«, zumal das Fernsehen, die Bürger eines Großstaates durchaus in den Stand setzen, die Eigenschaften der politischen Kandidaten kennenzulernen und einzuschätzen, auch in gewissem Maß an der öffentlichen Diskussion teilzunehmen, mindestens in ihrem jeweiligen näheren Umkreis. Hinsichtlich der umgekehrten Richtung der Bekanntschaft jedoch möchte ich bezweifeln, ob die athenischen Tausende ihren Behörden wesentlich besser bekannt waren als die modernen Millionen.

Der andere, an erster Stelle angeführte Maßstab des Aristoteles, die rechte Größe der Polis zu bestimmen, wirft allerdings bei einer entsprechenden Vergleichung beträchtliche Probleme auf. Heutzutage umfaßt die arbeitsteilige Versorgung sozusagen den ganzen Erdball; wohl nur wenige einzelne Staaten könnten überleben, wenn sie vom Welthandel gänzlich abgeschnitten wären. Dennoch stellt sich auch bei solcher globaler Interdependenz der Staaten als von Wirtschaftsgebieten mehr oder minder ausdrücklich die Frage der Autarkie für den Krisenfall, wenn nicht in den Grenzen des Einzelstaates, so doch im Bereich von Staatengruppen. Man denke an die großen Bündnissysteme. Und man denke daran, welche ungeheuren Vorkehrungen zur Zeit erörtert, befördert und auch bestritten werden, die Abhängigkeit von den Ölquellenländern und von der Integrität der Versorgungslinien zu verringern, also relativ autarke Energie-Zonen zu schaffen. Einzig der absolute Weltfriede würde das Problem der Autarkie endgültig zu einer antiquarischen Angelegenheit stempeln. Inzwischen bleibt Wirtschafts-

Strategie unter dem Gesichtspunkt eventueller Autarkie eine Aufgabe der Regierungen. Insofern scheint also auch jenes zweite aristotelische Kriterium einen Vergleich der antiken und der modernen Verhältnisse immerhin zu erlauben, wenn auch bezüglich dieser letzteren zwei Einschränkungen berücksichtigt werden müssen – einmal, daß es sich heute zumeist nicht um eine prinzipielle, sondern nur um eine eventuelle Autarkie handelt, und zweitens, daß ihre hypothetische Geltung nicht notwendig nur den Einzelstaat, vielmehr auch Staatenkomplexe betreffen kann. In solchem Fall würde es das übergreifende Wirtschaftsgebiet sein, welches dem aristotelischen Erfordernis der rechten Größe zu genügen hätte.

Aber auch auf der Seite der Antike wären möglicherweise Korrekturen anzubringen, sobald man von der politischen Theorie zur empirischen Beschreibung, das heißt zur Wirtschaftsgeschichte, überginge. Vielleicht sollte man Aristoteles in dem Punkte seiner autarken Polis nicht allzu buchstäblich nehmen. Athen zum Beispiel gebot über ein beträchtliches Hinterland, nämlich das attische »Reich«, und zudem nahm es gewiß an dem damaligen »Welthandel« teil.

Kurz, beide Kriterien des Aristoteles, die erwünschte Bürgerzahl und Staatsgröße zu bestimmen, dasjenige der Kommunikation und dasjenige der ökonomischen Selbstgenügsamkeit, lassen sich in gewisser Weise auch auf moderne Staaten übertragen, der Kontrast relativiert sich bei näherem Zusehen von beiden Seiten, es bleibt zur Hauptsache der Unterschied der Dimensionen übrig. Die Veränderung der Dimensionen, die Verschiedenheit der »Vielheiten«, wie beträchtlich auch immer, braucht als solche das Wesen der Bürgerschaft nicht zu berühren.

Eher werden wir wankend, wenn wir unsere Aufmerksamkeit dem sozialen Charakter der »Bürger« zuwenden. Die griechischen Bürger bildeten eine privilegierte Klasse der Bevölkerung, weil Sklaven, Fremde und Schutzverwandte (Metöken) keine Bürger waren und weil die Ehefrauen von Bürgern nicht selbst Bürger waren, sondern eben nur Frauen von Bürgern. Im allgemeinen war die Bürger-Eigenschaft ererbt. Die Bürger waren die »Freien« (Eleutheroi). Aristoteles hält sich bei der Bestimmung des Bürgers gemäß der Herkunft und Abstammung nicht lange auf, er erwähnt diese Seite der Sache nur im Vorbeigehen als eine Definition »für den praktischen Gebrauch«, und das heißt offenbar, daß ihr keine wesenhafte Bedeutung zukomme. Auf diese Weise macht er es uns leichter, die weite gesellschaftliche Ausdehnung einer modernen Bürgerschaft mit dem engen und strengen Umkreis der griechischen dennoch in Vergleich zu setzen. In einer modernen »Demokratie« empfindet kaum jemand mehr seine Bürger-Eigenschaft als ein Privileg; mit Ausnahme der Unmündigen, der Fremden und vielleicht gewisser Sträflinge ist in der Regel jeder Einwohner des Staates auch ein Bürger und besitzt alle Rechte und Möglichkeiten eines solchen, wie er auch den bürgerlichen Verpflichtungen unterworfen ist. Im politischen Sinne ist jedermann ein »Freier«. Für Aristoteles allerdings war dieser spezifisch gesellschaftliche Charakter des Bürgers, wie erwähnt, als solcher bloß eine Angelegenheit der Konvention, daher für die Philosophie, die nach dem Wesen der Sache forscht, von geringem Belang. So dürfen wir wohl schließen, daß die enorme gesellschaftliche Ausbreitung der Bürger-Qualität in der Moderne und daß die Auflösung des sozialen Privilegs, das ihr einstmals anhaftete, sich zwar ohne Frage von den antiken Zuständen in der auffälligsten Weise abhebt, daß sie aber gleichwohl zu der antiken Bedeutung der Bürgerschaft nach dem Wesen der Sache nicht im Widerspruch steht. So lange jedenfalls, als diese Bürger in politischer Hinsicht frei und gleich sind.

VI

Weit schwieriger scheint das Problem der Muße (scholē) zu sein. Hundertmal haben wir sagen hören, der Bürger der hellenischen Stadt sei, als Haus- und Grundherr und als Besitzer von Sklaven, des Zwangs zur Erwerbsarbeit ledig und daher frei für die Tätigkeit im Staat. Aristoteles lehrt uns etwas ganz anderes. Wer die »Politik« gelesen hat, wird sich erinnern, daß Aristoteles entschieden für die Ausdehnung des Bürgerrechts auf die Schichten der Handwerker und der Tagelöhner eintritt, wie es denn in der Tat in der athenischen Demokratie gehandhabt wurde. Diese Leute waren Freie, ganz wie die Reichen. An einer bestimmten Stelle (im fünften Kapitel des Dritten Buches) scheint Aristoteles in dieser Hinsicht ein Zögern auszudrücken, wenn er nämlich schreibt, »daß es mehrere Arten von Bürgern gibt« und »daß man im eigentlichsten Sinne Bürger denjenigen nennt, welcher an allen Ehrenämtern des Staates teilhat« – und das heißt doch: wer es sich leisten kann, wer eben die Muße dazu hat. In diesem »eigentlichsten Sinn« wäre es also am Ende nur die Schicht derer, die für die Wahl in die Staatsämter in Frage kommen, die Wenigen und nicht die Vielen. Im nächsten Augenblick allerdings trifft Aristoteles, wie ich die Passage auffasse, die deutliche Entscheidung, daß man kein Recht habe, irgendeinen Bürger von der Teilnahme an den Staatsgeschäften auszuschließen. Insgesamt habe ich den Eindruck, daß in dem guten Staat des Aristoteles (der nicht mit dem »besten Staat« im platonischen Sinn identisch ist) ein merklicher Unterschied bleibt zwischen einer Klasse potentieller und tatsächlicher Amtsinhaber einerseits und der Masse der gewöhnlichen Bürger andererseits. Er gibt indessen, wie ich ihn verstehe, den Rat, für freien Zugang besorgt zu sein, damit die »Gentlemen-Politiker« nicht zu einer abgesonderten Kaste, zum förmlichen Amtsadel würden. Nie dürfe ein Bürger behandelt werden »wie ein ehrenberaubeter Fremdling«, sagt er mit einer Wendung, die aus Homer zitiert ist.

Mutatis mutandis kehrt das Problem der Muße auch im modernen Staate wieder. Auch unter modernen Verfassungsverhältnissen bilden die potentiellen und aktuellen Amtsinhaber eine Art eigener Klasse. Die privaten »Gentlemen« allerdings sind rar geworden, die es sich leisten können, ihre Zeit und Kraft der Regierungstätigkeit oder anderen politischen Aufgaben zu widmen. Die meisten Amtsinhaber sind entweder Berufspolitiker oder Delegierte gesellschaftlicher Organisationen (von Gewerkschaften, Industrieverbänden oder auch großen Unternehmen), die sie »freigestellt« haben, damit sie für die jeweiligen Interessen und Ziele wirken. Man muß – mit Max Webers Ausdruck – »abkömmlich«, also imstande sein, das Geschäft ohne Einbuße sich selbst zu überlassen und andere die Erwerbsarbeit verrichten zu lassen – es müssen ja nicht notwendig Sklaven sein. Mit anderen Worten: Wenngleich die Struktur der modernen Gesellschaft sicherlich von derjenigen der antiken völlig verschieden ist, läßt sich doch ein recht ähnliches Schema der Differenzierung innerhalb der Bürgerschaft erkennen – vorausgesetzt, wir schärfen den Blick dafür, in der Metamorphose die wiederkehrenden Züge wahrzunehmen. Die Ähnlichkeit bezieht sich nicht auf die substantiellen Verhältnisse, sondern auf das Grundmuster. Und wenn wir die heutigen politischen Eliten auf ihre Bildungsweise und auf ihre Regeneration hin untersuchen, so werden wir auch unsererseits, mit Aristoteles, freien Zugang zu den politischen Laufbahnen fordern. Keinem Bürger kann die Chance verwehrt werden, Anteil an den Staatsgeschäften zu nehmen.

VII

Wie zuvor bemerkt, sind die Bürger des modernen ebenso wie diejenigen des antiken Staates als frei und gleich anzusehen. Doch sind sie es nicht ganz in demselben Sinn. Insbesondere ist die Gleichheit der modernen Bürgerschaft scharf unterschieden von der Gleichheit der Alten. Die moderne Gleichheit hat, historisch betrachtet, ihre Wurzeln im Menschenrechts-Axiom und in der Menschenrechts-Bewegung, die im späten achtzehnten und im neunzehnten Jahrhundert so mächtige Wirkungen gezeitigt hat, in dem Zeitalter des praktischen Humanismus. Die moderne Bürgergleichheit gründet sich auf die Menschengleichheit. Vielleicht ist es besser zu sagen: die moderne Bürgergleichheit ist mit der Menschengleichheit verknüpft, geht mit ihr einher. »... that all men are created equal...«! Daß dies zu einem politischen und rechtlichen Prinzip geworden ist, das war eine einschneidende Neuerung. Die antike Gleichheit der Bürger ging ganz bequem mit der Ungleichheit der Menschen einher, sogar mit einer ganzen Anzahl von Ungleichheiten. »Menschenrechte gab es nicht« (im Altertum), wie Jacob Burckhardt es mit aller Derbheit ausgesprochen hat. Die moderne Verknüpfung der »droits de l'homme et du citoyen« hat zwei einander abgekehrte Gesichter, und sie hat diese Zweideutigkeit bis zum heutigen Tage bewahrt. Der Bürger war wesenhaft ein Glied des Staates, der Mensch war es nicht oder doch nicht unbedingt. Der Mensch konnte seine Rechte vom Staat und unter Umständen sogar gegen den Staat einklagen. Ja man erwartete von ihm, daß er in diesem Sinne dem Staat gegenüber- oder entgegentrete, dieser Anspruch war ihm eingepflanzt. Die Verwandlung des Menschen in den Bürger ist immer eine ungewisse Möglichkeit geblieben. Unsere jüngsten Erfahrungen mit verschiedenen Emanzipationsbestrebungen im Westen haben es von neuem erwiesen. Man kann durchaus sagen, daß die Zweideutigkeit des Mensch-Bürger-Wesens eine andauernde Herausforderung, wo nicht eine Bedrohung des modernen Staates von innen darstellt.

VIII

Berühmt ist die allgemeine Definition, die Aristoteles vom Bürger gegeben hat: »Der Bürger schlechthin läßt sich nun durch nichts anderes bestimmen als dadurch, daß er am Gericht und an der Regierung teilnimmt.« Wir treffen hier wiederum auf die Schwierigkeit, die uns schon zuvor bei der Erörterung des Problems der Muße begegnet ist, daß nämlich die Masse der minder begüterten Leute niemals in die Lage kommt, ein Amt, jedenfalls ein wichtiges, übernehmen zu können. Aus diesem Grunde hat Aristoteles den Begriff des Amtes so weit gefaßt, daß er die Teilnahme am Volksgericht und vor allem die Teilnahme an der Volksversammlung (ekklesia) mit einschloß. Diese Tätigkeiten bestimmt er als Ämter ohne Amtsperiode, mit zeitlich unbegrenzter Ausübung. Der aufmerksame Leser dieser Passage aus dem Dritten Buch der »Politik« wird bemerken, daß der Autor offenbar mit Widerspruch gegen diese Erweiterung des Amtsbegriffs zu rechnen hatte und daß er ihn von vornherein aus dem Felde zu schlagen sucht: »...es wäre doch lächerlich«, so lautet sein Argument und er bringt es mit Nachdruck vor, »wenn man denen, welche die wichtigsten Dinge entscheiden, die Teilnahme an der Staatsregierung absprechen wollte.« An der Volksversammlung teilzunehmen, war natürlich jeder Bürger berechtigt, auch der »unmüßige« Proletarier; diesen zahlte man in Athen Diäten, es waren die oft erwähnten Drei-Obolen.

Unter unseren modernen Verhältnissen gibt es keine Entsprechung zu der Institution der Volksgerichte; allenfalls könnte man an die Schöffen- und die Schwurgerichte mit ihren Laienrichtern denken, doch ist es ja überall und immer nur ein winziger Teil der Bürgerschaft, der zu solcher Wirksamkeit gelangt. Wir haben auch keine Volksversammlungen – abgesehen von jenen ehrwürdigen Rudimenten, die in einigen wenigen Schweizer Kantonen bewahrt werden. Dennoch gibt es eine Analogie. Abermals betrifft sie freilich mehr das Muster oder Schema als den substantiellen Inhalt und die politische Funktion. Man kann sehr wohl in der argumentierenden Tonart des Aristoteles die Frage aufwerfen: Wäre es nicht lächerlich, diejenigen aus der Kategorie der Amtsträger auszuschließen, welche doch die Entscheidung treffen in der höchst bedeutenden Frage, wer den Staat regieren soll?! Das sind die Wähler. In manchen Ländern des Westens stimmen sie auch mit

Ja oder Nein über wichtige Angelegenheiten des Staates ab, was einer Volksversammlung mit schriftlichen Mitteln gleichkommt.

Die grundlegende und endgültige aristotelische Definition des Bürgers ist wesentlich politisch, nicht gesellschaftlich. Sie geht aus von seiner Funktion im Regierungssystem. Immer bleibt freilich »ein Erdenrest zu tragen peinlich«: Infolge der sozio-ökonomischen Strukturen und infolge organisationstechnischer Zwangsläufigkeiten waren bei weitem nicht alle Glieder der Bürgerschaft in der Lage, an jenem System der Ämter-Rotation teilzunehmen, das Aristoteles in die klassische Formel vom »archeĩn kai archesthai« gefaßt hat – »im Wechsel regieren und sich regieren lassen«. Aber es gibt Ämter ohne Amtsperiode, und an ihnen hat jedermann Anteil oder kann ihn doch haben. Das galt von den »Dikasten« und »Ekklesiasten« des Altertums. Es gilt in sehr ähnlicher Weise von den Wählern und Stimmbürgern der Moderne.

IX

Dies bringt mich zu meinem letzten Punkt, er betrifft die »Gemischte Verfassung«. Was ich gerade zuvor aus der »Politik« in Erinnerung gerufen habe, bildet nach meiner Ansicht ein genaues Exempel von »Gemischter Verfassung«. Aristoteles gebraucht zwar diesen Terminus nicht, aber er gibt (im achten Kapitel des Vierten Buches) eine vereinfachte Definition dessen, was die »Politie« zur besten, nämlich empirisch und pragmatisch besten erreichbaren Verfassung mache: »... die Politie ist eben, kurz gesagt, eine Mischung von Oligarchie und Demokratie.« Jenes Modell aber, das er im Dritten Buch im Zusammenhang der Erörterung über den Bürger aufgestellt hat, wovon hier zuvor die Rede war, geht ganz augenscheinlich bereits darauf aus, die rechte »Politie« vorzuführen. Sie lehnt sich an die »Demokratie« an, und sie bewahrt doch zur gleichen Zeit wesentliche Elemente von »Oligarchie« (oder auch von »Aristokratie«). Den oligarchischen Teil dieser seiner guten Verfassung (die keine ideale sein will) repräsentiert jene Klasse von »Bürgern« im engeren, eher konservativen Sinn des Wortes, also die »Muße-Habenden«, die bereit und fähig sind, die großen Wahlämter des Staates zu übernehmen. Das Verfahren der Wahl ist gemäß der antiken Verfassungslehre ein Merkmal der Aristokratien, während die Demokratien das Losverfahren bevorzugen. Den demokratischen Teil der guten Verfassung bilden jene Vielen, die ihre Obolen in Empfang nehmen, um an der Versammlung und am Volksgericht teilzunehmen. Im übrigen hat Aristoteles in den späteren Partien seines Werkes eine ganze Reihe von institutionellen Vorkehrungen und Verfahrensregeln entwikkelt, die dazu bestimmt sind, die beiden Verfassungs-Elemente und die beiden Klassen – es sind letzten Grundes schlechthin die Reichen und die Armen – so eng und mit so viel Gerechtigkeit als irgend möglich miteinander zu verbinden. Diese Einzelheiten sind jetzt nicht von Belang.

Indessen möchte ich die Aufmerksamkeit darauf lenken, daß unsere heutigen sogenannten »Demokratien« in Wahrheit eine ähnlich geartete »Mischung« von gegensätzlichen Elementen aufweisen. Vielleicht sollte ich die Sache bescheidener ausdrücken und mich auf die methodologische Bemerkung beschränken, wie verblüffend gut sich dieses altmodische theoretische Werkzeug dazu schickt, den »modernen Staat« zu beschreiben und zu verstehen. Abermals muß ich sofort hinzusetzen, daß dies natürlich nicht im geringsten auf Ähnlichkeiten zwischen der antiken und der modernen Gesellschaft beruht. Vor allem ist es im modernen Fall nicht der Klassenunterschied zwischen Reichen und Armen, der etwa mit solchen verfasssungspolitischen Mitteln zu bändigen wäre. Auch hinsichtlich der Funktion des demokratischen Verfassungselements besteht, wie schon angedeutet, ein bedeutender Unterschied zwischen der antiken und der modernen Ausprägung: Die alte Volksversammlung gebot, in den Grenzen der Gesetze, über eine umfassende Entscheidungskompetenz, die moderne Masse der Stimmbürger ist in den meisten Fällen darauf beschränkt, Regierungspersonal auszuwählen. Die antike griechische Bürgerschaft kam zudem zwei- oder dreimal monatlich zu Beratungen und Entschließungen zusammen, während eine moderne Wählerschaft weit seltener in Anspruch genommen wird, auch ihre Aufgabe, so verantwortungsvoll sie ist, weit rascher zu erfüllen vermag. Gleichwohl, ihre Entscheidungen sind genau so unwiderruflich, wie es die Beschlüsse der Volksversammlung waren, und man wird nicht bestreiten, daß auch sie – wie es bei Aristoteles hieß – »die wichtigsten Angelegenheiten des Staates betreffen«.

Bei alledem müssen freilich die Metamorphosen der Geschichte kräftig in Rechnung gestellt werden. Nur bei solcher Einsicht gewinnt eine Vergleichung, wie sie hier angeregt wird, ihren Sinn, indem sie das wiederkehrende Muster im verwandelten Stoff wahrzunehmen erlaubt. (Ich vermeide den trivialen sozialwissenschaftlichen Terminus »Wandel« – »change« –, denn ich meine nicht bloßen Wandel, ich meine die vollständige Verwandlung, die Metamorphose.) So auch verhält es sich mit dem Muster der »Gemischten Verfassung«, wie es unter modernen Verhältnissen wiederkehrt. Am augenfälligsten stellt es sich dar in der »Mischung« einer Oligarchie tatsächlicher und potentieller Amtsinhaber, organisiert in politischen Parteien, mit einer demokratischen Wählerschaft. Diese ingeniöse Bindung der Regierenden – als der Gewählten – an die Regierten – als die Wähler – stellt wahrhaftig ein modernes Pendant der aristotelischen »Politie« dar, insofern sie nämlich nicht auf ein einziges reines Verfassungsprinzip gegründet ist wie das der Demokratie, sondern vielmehr auf ein Gemisch von »Verfassungen«. Ich glaube, hier haben wir ein Wesensmerkmal des modernen Staates vor Augen. Der Begriff der Souveränität – um auf die anfänglichen Erwägungen zurückzukommen – taugt nicht, diese Erscheinungen zu erhellen. Eine Wählerschaft trifft, im Wahlakt, eine ›souveräne‹ Entscheidung, und das Parlament, das auf diese Weise ins Leben tritt, trifft in der Folge seinerseits »souverän« Entscheidungen in Akten der Gesetzgebung. Es kann aber nicht zwei Souveränitäten in ein und demselben Staatswesen geben, das wäre ein Widerspruch im Begriff. »La souveraineté est une et indivisible«. (Überdies sind die Instanzen, die im modernen westlichen Verfassungsstaat derartige letzte, unwiderrufliche politische Entscheidungen zu treffen berufen und imstande sind, noch gar nicht vollständig aufgezählt, wenn die Wählerschaft und das Parlament genannt sind; zum Beispiel haben zuweilen auch gewisse hohe Gerichte das letzte Wort.) Es ist bemerkenswert, daß die beiden Erzväter der Souveränitätslehre, Jean Bodin im sechzehnten, Thomas Hobbes im siebzehnten Jahrhundert, gerade die Figur der Gemischten Verfassung verworfen haben. Dennoch sieht es so aus, als sei sie wahrhaftig zurückgekehrt, und zwar gerade im modernen Staat.

Die Stadt und das Reich in der Verfassungslehre des Marsilius von Padua

I

Der Lebenslauf des Marsilius fällt in das späte dreizehnte und die erste Hälfte des vierzehnten Jahrhunderts, er begann in Padua, führte an die Universität von Paris, von dort auf der Höhe seines Mannesalters infolge besonderer Umstände, Verwicklungen und Absichten nach Deutschland, nämlich an den Hof König Ludwigs des Bayern; in München ist Marsilius gestorben. Die Biographie ist dem historischen Blick nur fragmentarisch erkennbar, sie gleicht einem alten Fresko, das in Teilen abgeblättert ist, aber die verbliebenen Bruchstücke seines Bildes zeigen starke Farben und deutlichen Umriß.[1]

Er entstammte einer angesehenen bürgerlichen Familie mit Namen Mainardini, sein Vater war Notar, ein Bruder Richter. Von seiner Jugend wissen wir nichts, später gibt es nur flüchtige Berührungen mit seiner Heimatstadt. Das älteste Dokument, das seinen Namen enthält, ist ein Protokoll der Pariser Universität vom März 1313, woraus hervorgeht, daß der Magister »Marcilius de Padua« damals Rektor war und die vier Fakultäten zu einer Versammlung – »ad congregationem« – einberufen hat. Das Rektorat dauerte damals übrigens nur ein Vierteljahr, so stark war offenbar das korporative Bedürfnis nach Amtsrotation. Gleichwohl ist diese Erfahrung dem Marsilius so bedeutungsvoll geblieben, daß er, zehn Jahre später, in seinem literarischen Hauptwerk, dem »Defensor Pacis«, einen bestimmten administrativen Vorgang ausdrücklich aus eigner Erinnerung anführt und als Argument in der Polemik gegen päpstliche Ansprüche verwendet.[2]

Ich erwähne das, weil schon diese unscheinbare Tatsache einen Geist am Werk zeigt, der die wache aktuelle Erfahrung mit der weitgreifendsten politischen Theorie zu verknüpfen weiß, und das ist eines der auffälligsten Merkmale des »Defensor Pacis«, auffällig zumal, wenn man dieses Buch mit anderen verwandter Gattung, etwa mit den Fürstenspiegeln aus der Schule des Thomas von Aquin, vergleicht.

Marsilius hat in Paris gewiß Theologie studiert, denn er hatte, ehe er floh, einen Bibelkurs zu lesen angekündigt, ebenso gewiß zudem oder schon vorher Naturlehre und Medizin, denn er hat nachmals dem deutschen König auch als Arzt gedient; sein intensivstes Interesse jedoch galt dem Studium des Aristoteles, er betrieb es gemeinsam mit seinem älteren philosophischen Freunde Johann von Jandun. Die ausgiebige und eifrige Lektüre aristotelischer Schriften, an erster Stelle der »Politik«, wohlgemerkt in ihrer lateinischen Version, hat denn in seinem literarisch-politischen Lebenswerk außerordentliche Konsequenzen gezeitigt; vor allem ist die aristotelische »Politik« zu einer autoritativen Grundlage ebendesjenigen Teiles seines »Defensor Pacis« geworden, den ich seine »Verfassungslehre« nennen möchte.

Von einem »literarisch-politischen Lebenswerk« kann und muß im Falle des Marsilius in einem pointierten Sinn gesprochen werden. Weder ist er ein akademischer Gelehrter geblieben, noch auch hat es ihm genügt, in die große publizistische Fehde der Epoche sich zu stürzen, diese letzte Auseinandersetzung zwischen Kaisertum und Papsttum um die Oberhoheit in dieser Welt, welche durch die Namen König Ludwigs des Bayern und Papst Johannes XXII. bezeichnet ist; Marsilius hat es vielmehr zu alledem gedrängt, selbst zu handeln. Ein erstes Zeugnis dieses Dranges stellt die Mission dar, die er, mit anderen Gesandten, im Auftrag der ghibellinischen Liga, insbesondere der hervorstechendsten lombardischen Papstgegner, des Matteo Visconti, Herrn von Mailand, und des Can Grande della Scala, Herrn von Verona, ausgeführt hat, um einen französischen Prinzen – den späteren König Karl IV. – als Anführer zu gewinnen; das Unternehmen blieb übrigens erfolglos. Das war um die Wende der Jahre 1318/1319, man weiß es aus einem Brief des Papstes vom 29. April 1319, der ihn beim Namen nennt – »illum Ytalicum qui dicitur Marcillo«.[3] Dieser erste – wie es scheint: folgenlose – Sprung aus der vita contemplativa in die vita activa scheint auch den Anlaß eines besorgten Poems (in hundert Hexametern) zu bilden, das ein Paduaner Dichter, Albertino Mussato, offenbar ein Jugendfreund, an ihn gerichtet hat:

»Vera refert, quod tu studii de tramite sacri
Lapsus ad infandos hominum te verteris actus?«

Deutsch ungefähr:

Ist es wahr, was berichtet wird: daß du, von dem Weg des geweihten Studiums abirrend, dich den abscheulichen Handlungen der Menschen zuwendest?[4]

Es ist der Mühe wert, diese Stimme vernehmlich zu machen: sie zeigt, daß auch der Zeitgenosse schon das Ungewöhnliche dieser Wendung empfand – das Ungewöhnliche und auch das Unvorteilhafte, da der ghibellinische Parteimann mit keinem kirchlichen Benefiz und so auch kaum noch mit einer akademischen Lebensstellung rechnen konnte.

Das nächste Datum, das von Marsilius' Lebensbahn zeugt, hat er mit seiner eigenen Hand niedergeschrieben. Ziemlich genau fünf Jahre nach jener diplomatischen Unternehmung hat er das Manuskript des »Defensor Pacis« abgeschlossen, er gibt es in den letzten Zeilen an:

»Anno trecenteno milleno quarto vigeno
Defensor est iste perfectus festo baptiste.
Tibi laus et gloria, Christe!«

Aber die Arbeit dieser Jahre stellt keine Rückkehr zum sacrum studium dar. Der »Defensor Pacis« ist eine monumentale Streitschrift. Ja, noch mehr, er will zuerst und zuletzt zum Handeln aufrufen, er will mit all seinem philosophischen und theologischen Rüstzeug, mit aller Umständlichkeit, auch Weitschweifigkeit der Argumentationen, selber Taten vorbereiten, sogar einleiten. Auf geradem Weg soll hier die Theorie in die Praxis übergehen, zur Praxis werden. Ich weiß nicht, ob die Epoche ein zweites Beispiel solcher Dringlichkeit kennt, wie sie Marsilius sogleich in seinen einleitenden Passagen und in der sogenannten Widmung an den Tag legt:

Er habe, sagt er (7,25 ff.), die Ergebnisse seiner Nachforschung niedergeschrieben aus dem Trieb zur Verbreitung der Wahrheit, aus Liebe zum Vaterland, aus Mitleid mit den Unterdrückten und dem Wunsch, die Unterdrücker von ihrem Irrweg zurückzurufen –

so weit mögen wir es noch mit literarischen Formeln, Motiven und Zwecken zu tun haben – daran aber schließt sich der Appell an den Mächtigen, an die »coactiva potestas principatuum«, die Zwangsgewalt der Regierungen, zumal an Ludovicus, Romanorum imperator, daß er, der Diener Gottes,

»huic operi finem daturum«, diesem Werke (nämlich seinem Buch, seiner geistigen Bemühung) das Ziel oder die Vollendung geben möge,

»quem extrinsecus optat inesse« –
welche Vollendung ihm, dem Werk, gemäß seinem Wunsch »von außen innewohnen« soll: der Satz ist grammatisch verschroben, die Formulierung erscheint paradox, kommt mir aber sinnvoll und begreiflich vor: das Ziel, welches der Autor erstrebt, kann nur in der äußeren Welt des Handelns erreicht werden, aber es ist doch zugleich das Ziel, das seiner intellektuellen Arbeit innewohnt.[5]

Das Ziel aber ist, den Frieden – pax seu tranquillitas – herzustellen mit dem Mittel der Abweisung (»repellere« – 5,22)[6] oder Abschaffung des Streits, nämlich der »Resektion« seiner fundamentalen Ursache, des weltlichen Besitz-, Hoheits- und Herrschaftsanspruchs der römischen Kirche. Der chronische Konflikt der beiden konkurrierenden »Supermächte« der Epoche ist der Gegenstand seiner Analyse, die Lösung, die er mit großer intellektueller Energie und Beharrlichkeit entwirft oder vielmehr als zwingend notwendig erweisen will, besteht – knapp und freilich etwas anachronistisch gesprochen – in der Integration der Kirche in den Staat, in der Errichtung einer einzigen, konkurrenzlosen weltlichen Zwangsgewalt, der staatlichen.

Ehe ich eine nähere Charakteristik versuche (und schließlich das besondre Thema ergreife, das den Titel dieses Vortrags bildet), bleibt noch übrig, von der Biographie des Marsilius zu berichten, was bezeugt ist. Es sind heftige Kurven, worin sie verläuft. Zwei Jahre nach dem Abschluß des »Defensor Pacis« erscheint der Autor in Nürnberg am Hofe König Ludwigs, übrigens zusammen mit dem Philosophenfreunde, Johannes von Jandun. Es heißt, Marsilius habe von Paris fliehen müssen, als ruchbar wurde, was für ein gefährliches Buch er da geschrieben hatte, und das ist allerdings glaubhaft. Zugleich aber ist es handgreiflich, daß das Ziel dieser Flucht völlig seiner eigenen Absicht und innersten Bestrebung entsprach, er fand sich bei ebendem Fürsten ein, von dem er erhoffte, daß er seinem Werke die Vollendung geben werde – »huic operi finem daturum«. Wir haben zudem einen Bericht, wonach er durch Vertraute des Wittelsbachers beim König eingeführt worden sei, die ihn in Paris kennengelernt hatten.[7] Wie dem auch sei, Marsilius und Johannes figurieren in der Folge ganz unverkennbar als intellektuelle Berater des Königs, sie haben ihn 1327-1330 auf seinem Romzug begleitet. Der Papst in Avignon, ebenjener Johannes XXII., wettert schon in einer Botschaft vom 3. April 1327 wider die »duos viros nequam perditionis filios et maledictionis alumpnos« (die zwei nichtsnutzigen Männer, Söhne der Verderbnis und Zöglinge der Lästerung), und auch die päpstliche Maßnahme vom 23. Oktober desselben Jahres traf zugleich den König und den »Defensor Pacis«, jener wurde zum Ketzer erklärt, dieser, das Buch also, in fünf Punkten verworfen: ich zitiere nur den dritten, er betrifft die These – des Marsilius –, es stehe dem Kaiser zu, »...papam instituere et destituere ac punire«. Genau dies hat Ludwig wenig später von Rom aus getan, er hat Johannes XXII. für häretisch und für abgesetzt erklärt und hat aus eigener Vollmacht am Himmelfahrtstag 1328 einen neuen Papst bestimmt. »Aus eigner Vollmacht« – die Wendung entspricht wohl der politischen Lage, doch keineswegs der Förmlichkeit des Vorgangs: er fand in einer Volksversammlung statt, und die Erhebung geschah durch eine Art Plebiszit, danach erst verlas Ludwig das vorbereitete Dekret. Die Prozedur verrät den Geist des »Defensor Pacis«, möglicherweise geradezu den Rat des Marsilius. Mit Sicherheit gilt das von der anderen großen römischen Zeremonie, der Kaiserkrönung, die am 17. Januar 1328 stattgefunden hatte. »In keiner alten oder neuen Chronik wird man finden, daß ein christlicher Kaiser sich anders hat krönen lassen als vom Papst oder seinem Legaten«, sagt ein kirchlich gesinnter Geschichtsschreiber.[8] Ludwig nämlich ließ sich zum Kaiser der Römer (Imperator Romanorum) krönen vom Volk der Römer oder doch im Namen und unter dem Beifall des in Sankt Peter versammelten »Volkes«, die Krone drückte ihm der berühmte Sciarra Colonna aufs Haupt, damals einer der vier Syndici der – zeitweiligen – Stadt-Republik. Die Prozedur entspricht in der Tat mit Genauigkeit ebenderjenigen »Verfassungslehre«, welche ich hier sogleich näher untersuchen möchte.[9]

Die römische Unternehmung insgesamt endete unglücklich, Ludwig mußte vor der Militärmacht des Anjou-Königs von Neapel weichen und kehrte nach Deutschland zurück, Marsilius blieb in seiner Begleitung, Johannes von Jandun scheint auf der Reise gestorben zu sein. Von da an wird die Gestalt des Marsilius nur noch für Momente sichtbar – wir sehen ihn noch als Verfasser kleinerer Schriften, deren letzte freilich abermals einen akuten Konfliktstoff der weltlichen und der geistlichen Gewalt betrifft: es ist ein Gutachten zugunsten der Eheschließung zwischen Ludwigs Sohn und Margareta Maultasch von Tirol, welche die Kirche nämlich für ehebrecherisch und zudem für blutschänderisch ansah. Aus einer päpstlichen Verlautbarung vom April 1343 ist zu erfahren, daß

Marsilius gestorben war. »...et audemus dicere (heißt es dort), quod vix nunquam legimus peiorem hereticum illo Marsillo«.[10] Das ist das letzte Dokument seines Lebenslaufs.

II

Die große politische Tat also, welche sein Wort vollenden, seine Theorie verwirklichen sollte, hat Marsilius nicht erlebt. Jene quasi-republikanische Kaiserkrönung zu Rom, die ganz offenbar nach seiner Regie vor sich gegangen war, ist doch eine historische Episode geblieben. So muß man bis zum heutigen Tag als die eigentliche Tat des Marsilius das große Buch ansehen, das er geschrieben hat, den »Verteidiger des Friedens«. (Daß er es allein geschrieben habe, ist heute die herrschende Meinung der Forscher; allenfalls räumt man dem Johannes von Jandun, der so oft in den zeitgenössischen Dokumenten in einem Atem mit Marsilius genannt wird, die Rolle eines Helfers und Ratgebers in Sachen des Aristoteles ein.)

Vielleicht ist der politisch-literarischen »Tat« überhaupt der Mangel eigen, daß sie ihre Vollendung in der äußeren Welt, ihr »finis extrinsecus daturus« immer erst noch erwarten muß.

Der »Defensor Pacis« ist ein stattliches Werk; in der maßgeblichen Edition von Richard Scholz (von 1932), nach der man meist zu zitieren pflegt, umfaßt es 613 Druckseiten. Ich gebe eine knappe allgemeine Charakteristik. Es ist in drei Teile gegliedert, die freilich sehr unterschiedlichen Umfang aufweisen, die »Diccio secunda« ist mehr als dreimal so dick als die »Diccio prima«, und die »Diccio tercia«, eine Art Fazit, hat nur ein paar Seiten. Der Erste Teil enthält – wenn ich es mit einem Worte sagen soll – die Konstruktion des weltlichen Regiments und der Einzigkeit seiner »iurisdiccio«, das heißt seiner hoheitlichen Befugnis, der Zweite Teil die Destruktion des geistlichen Regiments in seinem weltlichen Anspruch und also die Reduktion der kirchlichen Wirksamkeit auf Kultus, Lehre und Moral. Als autoritative Quellen führt der Verfasser im Zweiten Teil im wesentlichen die Evangelien und andere Bücher des Neuen Testaments ins Feld, im Ersten den Aristoteles, zumal dessen »acht Bücher von der Politik«, natürlich in ihrer lateinischen Version.

Seitdem die historischen Wissenschaften sich mit Marsilius beschäftigen – die politische Geschichte, die Geschichte der politischen Ideen, der politischen Theorie überhaupt, auch die Rechtsgeschichte –, hat immer und überall der Erste Teil des »Defensor Pacis« ein weit stärkeres Interesse auf sich gezogen als der Zweite.[11] Er bietet die größere Überraschung, er bezeugt die höhere geistige Kühnheit, er gibt auch die schwierigeren Rätsel auf – Probleme des Verständnisses, der Übersetzung und Auslegung, die zu einem guten Teil aus dem Zusammentreffen, aus der energischen Verschmelzung antiker, nämlich aristotelischer, Begriffe und zeitgenössischer, also mittelalterlicher Erscheinungen erwachsen. Auch meine heutigen Erörterungen werden sich zur Hauptsache auf die »Diccio prima« beziehen, darum gebe ich jetzt von ihr zunächst eine allgemeine Inhaltsübersicht.

Der Kern seiner Konstruktion des weltlichen Regiments – man könnte mit einem gewissen Recht auch ein modernes Wort gebrauchen und von einer »Allgemeinen Staatslehre« sprechen –, der Kern ist die Rückführung aller Regierungsgewalt auf das Bedürfnis der Bürgerschaft – lateinisch »universitas civium«, manchmal auch »populus«. Getreu der Lehre des philosophus bestimmt Marsilius das »Leben und Gut-Leben« (ζῆν und εὖ ζῆν: vivere und bene vivere) als Zweck aller irdischen Gemeinschaft. Diese Bürgerschaft gibt sich ihre Ordnung, in dieser Funktion und Wirksamkeit heißt sie »der menschliche Gesetzgeber« (legislator humanus); der Ausdruck gewinnt seine Schärfe, sobald wir uns deutlich machen, von welchem Gegensatz er sich abhebt oder abstößt – vom göttlichen Gesetzgeber, vom Gesetz Gottes. Dieser zentrale Begriff zeigt an, daß der »Staat« des Marsilius, wiewohl seine Bürger (im Unterschied zu denen des Aristoteles) Christen sind, nicht von Gott, sondern von Menschen und nach ihrem Willen geordnet, verfaßt und gelenkt wird. Er ist zwar im allgemeinen monarchisch regiert, aber im Sinn des gemäßigten Königtums, und die Wahlmonarchie verdient, durchaus konsequenterweise, in den Augen des Marsilius entschieden den Vorzug vor der erblichen (die erbliche figuriert übrigens als eine Abart der Wahlmonarchie[12]). »Electi vero magis voluntariis presunt«, lautet einer der prägnantesten und schönsten Sätze des ganzen Buches: Gewählte regieren über Freiwillige. Was nun die Stoßrichtung und die argumentative Stoßkraft der Darlegung des Ersten Teiles anlangt, so sind hier noch zwei weitere Gedanken von Bedeutung: einmal die blanke Übernahme der aristotelischen »Soziologie«, also der als Beschreibung entworfenen, nun aber als Vorschrift fungierenden

Lehre von den sechs Ständen oder Teilen der Staatsgesellschaft – es kommt recht eigentlich nur auf die drei höheren an, »pars principans«, »pars sacerdotalis« und »pars militaris«, und also darauf, daß die Priesterschaft, die christliche ganz ebenso wie vordem die heidnische, als ein Stand unter Ständen, ein Teil unter Teilen definiert wird; und zum zweiten das original marsilische, mit großartiger Intensität und Umsicht entwickelte Prinzip der notwendigen Einheit und Einzigkeit der Regierung. Kein Akt der Verwaltung oder des Gerichts nämlich, so heißt es[13] mit einer höchst bemerkenswerten Formulierung, könne von einem einzelnen Mitglied etwa einer mehrköpfigen Regierung ausgehen, »sed ex communi decreto atque consensu eorum ... secundum statutas leges in hiis«. Einzigkeit und Einhelligkeit der Regierung, Ein- und Unterordnung der Priesterschaft in allen weltlichen Sachen einschließlich der »Investitur« – das sind die Hauptgrundsätze, welche am Ende den Frieden und die Ruhe des Gemeinwesens verbürgen sollen. Er sagt nicht, daß es nur diese eine Konflikt-Ursache – den kirchlichen Hoheitsanspruch – in der Welt gebe, aber er hat keine andere erörtert, diese war ihm und der Epoche die einzig dringliche, es war die politische Existenzfrage.

Die Radikalität dieser Lehre ist offenkundig. Sie vollzieht einen vollständigen Bruch mit der ganzen mittelalterlichen Königs-Doktrin, die immer auf der numinosen, der theologischen Legitimation, auf der göttlichen Einsetzung beruhte, ganz gleich, ob die priesterliche, zumal päpstliche Konsekration hierzu als wesentlich (konstitutiv) oder als bloß bestätigend (konfirmativ) aufgefaßt wurde, ganz gleich also, von welcher Seite der großen Parteiung die Legitimitätsthese aufgestellt war.

Selbst ein so leidenschaftlicher Parteigänger des Kaisertums wie Dante Alighieri macht davon keine Ausnahme, und seine Schrift »De Monarchia« ist ja nicht viel älter als der »Defensor Pacis«.[14] Dante hat – gemäß seinen eignen Worten im letzten Kapitel dieser Schrift – den Nachweis unternommen und geliefert, daß die Autorität des Imperiums, des Kaisers – denn nur von dessen »Monarchie« handelt er, nicht, wie Marsilius, von Königtum und Regierungsgewalt überhaupt – nicht durch Kirche und Papst vermittelt, sondern unmittelbar von Gott abhänge oder, wie er sich auch ausdrückt, daß »der Kaiser oder Monarch der Welt sich unmittelbar zum Fürsten des Universums verhält, welcher Gott ist« (»Imperatorem sive mundi Monarcham immediate se habere ad principem universi, qui Deus est«). Mit mächtiger Entschiedenheit wird dieses Verhältnis in dem Satz ausgesprochen: »...solus eligit Deus, solus ipse confirmat.« Daß Gott allein der einzige und wahre »Wähler« des Monarchen ist, führt zu dem Schlusse – und Dante zieht ihn ungesäumt –, daß den empirischen Wählern, den Kurfürsten, dieser Name »Wähler« zu Unrecht gegeben werde, sie sind ihm nichts andres als »denunciatores divinae providentiae«, bekunden nur, was Gott vorgesehen hat.[15] Nach dieser Theorie, die ihre eigne Tradition hat, stellt der empirische Wahlakt im Grund einen Akt der Erkenntnis dar, der Erkenntnis nämlich des göttlichen Willens; nach derjenigen des Marsilius hingegen geschieht die Wahl des Königs und Kaisers aus menschlichem Willen. Jenem »solus Deus eligit« des Dante entspricht und widerspricht die nicht minder mächtige und entschiedene Formel des Marsilius, daß die wirksame Wahl eingerichtet sei »a solo legislatore«, das heißt von der Bürgerschaft[16], als deren Mandatare die Kurfürsten aufgefaßt sind.

Der Kontrast ist handgreiflich. Was hier vorliegt, ist nichts Geringeres als ein Umsturz der Legitimationsweise und der Legitimitätsgründe. Der überlieferten numinosen oder divinen oder theologischen Herleitung der königlichen und kaiserlichen Gewalt, die in Dante noch einmal einen emphatischen Ausdruck gefunden hat, tritt in Marsilius eine humanistische oder bürgerliche gegenüber. Beide Kennzeichnungen rechtfertigen sich aus seinem eigenen Vokabular – »legislator humanus« und »universitas civium« –, wie seltsam und rätselhaft uns auch dieser Begriff des Bürgers und der Bürgerschaft inmitten der Sphäre erscheinen mag, worin dieser Autor sich bewegt und auf die seine Theorie auch ganz ausdrücklich gemünzt ist: der regna und des imperium seiner Epoche in ihrer bunten, eigentümlich unförmig aus allerlei Herrschaften und Kollektivitäten zusammengesetzten Natur. Fürs erste kann es scheinen, als hätten sich die antiken Begriffe im mittelalterlichen Dickicht verirrt – aber Marsilius gedachte, es gerade mit ihrer Hilfe zu lichten und zu ordnen. Diesem Rätsel auf die Spur zu kommen, ist die Absicht der Untersuchung, der ich mich sogleich zuwenden will.

Noch muß ich zuvor einem möglichen Mißverständnis vorbeugen. Marsilius ist – natürlich – kein Atheist. Gott ist zwar aus der unmittelbaren Nähe zur weltlichen Herrschaft – als »elector« und »confirmator« – fortgerückt, aber er ist darum aus der politischen

Ordnung insgesamt doch nicht verschwunden. Der berühmte Satz des Apostels Paulus, der so vielfältige Folgen gezeitigt hat – Römer 13, Vers 1: »...quia non est potestas, nisi a Deo«: auch Marsilius hat ihn nicht übersehen, so wenig wie die Worte Jesu gegenüber dem Pilatus und was sonst aus dem Evangelium in diesem Sinn angeführt werden kann. Man mag auch gewisse Nuancen, ja Schwankungen wahrnehmen nicht nur innerhalb des gesamten Œuvres des Marsilius, sondern sogar innerhalb des einen »Defensor Pacis«, zumal zwischen dessen Erstem und Zweitem Teil; eben in diesem figurieren die biblischen Sätze und Situationen und werden ihm dienlich zu seinem Zweck, der Destruktion aller weltlichen Herrschaftsansprüche der Kirche. So auch hat die Anführung von Römer 13 und verwandter Stellen ihre Pointe nicht sowohl in der Begründung als in der Anerkennung der weltlichen – in diesen biblischen Fällen obendrein einer heidnischen – Gerichtsbarkeit und Zwangsgewalt. Selbst Christus habe sich dem Beamten des Kaisers unterworfen, selbst Paulus habe die Gültigkeit aller obrigkeitlichen Gewalt bekräftigt – das ist hier vor allem die Meinung und die Lektion.

Seltsamerweise hat sich die neueste französische Interpretin, Mme. Jeannine Quillet in Paris, durch diese eher obligaten Versicherungen des Marsilius trotz ihrer ausgebreiteten Kenntnis seines Œuvres dazu verleiten lassen, ihm diejenige Doktrin wieder zuzuschreiben oder anzudichten, die er doch so gründlich aufgegeben hat: die Doktrin von der Gott-Unmittelbarkeit des Reiches und seines Regiments.[17] Und doch war es gerade ein französischer Gelehrter gewesen, der die marsilische politische Theorie in den Zusammenhang oder doch die Vorgeschichte der Entstehung des »laizistischen« Staates gerückt hatte: Georges de Lagarde in einem Buch mit dem bezeichnenden Titel »Marsile de Padoue ou le premier théoricien de l'Etat laïque« (zuerst 1948, neu bearbeitet 1970). Wenn man zwischen diesen beiden Deutungen schwankt, kann man die Lösung bei Marsilius selber finden: er hat mit Hilfe einer scholastisch-logischen Unterscheidung die Proportion zwischen der göttlichen und der menschlichen Herleitung und Abhängigkeit der Regierungsgewalt, wie er sie meinte, sehr deutlich gemacht: »Alia vero est principatuum institucio, que scilicet ab humana mente immediate provenit, licet a Deo tanquam a causa remota, qui omnem principatum terrenum eciam concedit...« (I, IX, 2: 40, 6-9). Die unmittelbare und »bewirkende« Ursache der

Regierungsgewalt also sei von menschlicher Art, Gott stellt gerade keine unmittelbare und bewirkende, sondern »nur« die »entfernte« und zulassende Ursache dar.[18] Das ist die authentische Erklärung, der getreue Ausleger muß sie hinnehmen.

III

Nun also: »Die Stadt und das Reich (civitas und regnum) in der Verfassungslehre des Marsilius von Padua«. Sie gehören zu den häufigsten Vokabeln des ganzen Buches, zumal des Ersten Teils, sie sind von Herausgebern, Übersetzern und Interpreten immer wieder erläutert worden, und doch sind diese beiden vertrauten Wörter in ihren Bedeutungen und namentlich in der Bedeutung ihrer Kombination, wie mir scheint, noch rätselhaft geblieben.

Niemand zweifelt daran, daß es sich bei der »civitas« um die latinisierte »polis« aus der »Politik« des Aristoteles handelt, es ist das Wort, das der Übersetzer des 13. Jahrhunderts, Wilhelm von Moerbeke, durchgängig gebraucht hat, um »polis« wiederzugeben. Marsilius selbst bezieht und beruft sich in einem fort auf die »Politik« des Aristoteles, einige Kapitel seiner Diccio prima sind nichts anderes als Paraphrasen aristotelischer Bestimmungen und Erörterungen; so kehren zum Beispiel die Genese der Stadt und ihre Wesensbestimmung als der vollkommenen, sich selbst genügenden Gemeinschaft (»perfecta communitas, omnem habens terminum per se sufficiencie«) gemäß dem Ersten Buch der »Politik« recht getreulich wieder; daß er die Beschreibung der Stände oder »Teile des Staats« (gemäß dem Vierten und dem Siebenten Buch der »Politik«) übernommen hat, habe ich schon erwähnt; dasselbe gilt von der Einteilung der Regierungsformen, und auch seine Kapitel über das Wesen des Gesetzes stützen sich in gewissem Maß auf die »Politik«, zumal auf die berühmte Stelle, wo Aristoteles untersucht, ob es besser sei, daß der beste Mann oder daß die besten Gesetze regierten, und Marsilius bekräftigt die »sentencia divi Aristotelis« auch in diesem Punkt.[19] Kurz, die civitas des Marsilius ist eindeutig die »polis« des Aristoteles, aufgefaßt, wie sich versteht, nicht als eine historische Erscheinung und Beschreibung, sondern als eine verbindliche philosophische Wesensbestimmung. Nur in Klammern möchte ich einflechten, daß Marsilius in bestimmten Hinsichten durchaus auch ein Bewußtsein der Geschichtlichkeit des Aristoteles bezeugt, indem er zum Beispiel von der Offenbarung in Jesus Christus und von der Ausbildung der christlichen Kirche noch nichts habe wissen können; aber diese Einsicht tut der fraglosen Überzeugung von der autoritativen Fortgeltung der Aussagen des Philosophen so wenig Abbruch, daß die historisch neue Realität der Kirche gleichsam aufgefordert wird, sich in das aristotelische Ständesystem – wie in ein Prokrustesbett – einzubequemen oder zurückzustutzen. Mit einem Wort: die »civitas« des Marsilius ist die aristotelische »polis« und darum das autoritative Muster des Gemeinschaftslebens oder der Gesellschaftsordnung überhaupt, auch und gerade der gegenwärtigen, ihm zeitgenössischen.

In dieser ihm zeitgenössischen Erfahrungswelt aber interessiert den Verfasser des »Defensor Pacis« letzten Grundes nur eine einzige Frage, die nach dem Verhältnis zwischen Reich und Kirche; wie er sie theoretisch löst und praktisch entschieden wissen möchte, brauche ich nicht zu wiederholen. Der ganze politisch-publizistische Eifer dieses Autors gilt dem »regnum«, gilt dem Verständnis, der Konstruktion, der autonomen Rechtfertigung und der geistigen Stärkung der weltlichen Regierungsgewalt im Reich. Womit ebensowohl das »imperium Romanum« gemeint ist wie auch die Mehrheit der ihm zugehörigen (gelegentlich auch der ihm nicht, nicht mehr oder nicht wirklich zugehörigen) »regna«, Germania, Francia, Britannia, vor allem und mit besonderer, mit patriotischer Wärme Italia, »regnum Italicum«, wie es beharrlich genannt wird. »Regnum« also ist hier zwar auch ein Allgemeinbegriff – insoweit eben kann man, mit einem Schuß von Anachronismus, von einer Art »Allgemeiner Staats- oder Regnum-Lehre« sprechen –, aber ein Allgemeinbegriff von anderer Art: er ist zugleich kategorial und phänomenal aufzufassen. In normativer Hinsicht enthält er nichts Neues gegenüber dem Begriff der »civitas«, führt er diesen nur in die Aktualität herüber und herein. Ebendeswegen aber weist die Kategorie des »regnum« unvermeidlich auf das Phänomen des »regnum« hin, der Begriff wird zum Inbegriff empirischer Erfahrung.

Daß Marsilius' theoretische wie praktisch-politische Aufmerksamkeit auf das Reich und die Reiche gerichtet ist, erhellt aus der Anlage und der Tendenz seines Werkes. »Regnum« ist sozusagen das erste Wort des ganzen Buches: »Omni quippe regno desiderabilis debet esse tranquillitas...« Das ist zwar ein Zitat – aus einem Briefe des Cassiodor –, aber das Zitat ist sorgsam gewählt, um »de intencione summaria tractandorum« (wie die Überschrift des ersten Kapitels ankündigt) sogleich einen deutlichen Begriff zu geben, der Satz ist wie ein Motto und Symbol, und der Gedanke wird vollends auch in dem allerletzten Kapitel des Buches wieder aufgenommen.[20] Dieses Hauptinteresse wahrzunehmen und bei der Auslegung festzuhalten, ist um so wichtiger, als sich eine Reihe von Forschern durch die städtische Herkunft des Marsilius hat verleiten lassen, Züge der italienischen Stadtrepublik in der Staatskonstruktion des »Defensor Pacis« zu suchen und zu finden, ja zuweilen sogar in der Zeichnung dieses Verfassungsmodells die verdeckte Absicht des Paduaners zu vermuten. Diese Idee ist so alt wie die wissenschaftliche Beschäftigung mit dem »Defensor«, sie geistert noch heute durch einschlägige Werke.[21] Mir ist sie immer irreführend erschienen, und ich sehe mit Genugtuung, daß eine der jüngsten Monographien diese meine Meinung teilt: »...eine solche Beschränkung auf die Commune... scheint im Text selbst nicht vorhanden zu sein«, heißt es in dem gründlichen Buch von Carlo Pincin (von 1967), und das Urteil stammt notabene von einem Italiener.[22]

Im Text – auf ihn kommt es schließlich an – finde ich nur eine einzige Anspielung auf die italienischen Städte, und das ist eine Klage: daß sie (eigentlich: die Bewohner des Italicum regnum) nämlich »statt der Freiheit beständig das harte Joch von Tyrannen auf sich nehmen müssen« (20, 11-12). Reichlich, überreichlich hingegen sind die Passagen, wo Reichsangelegenheiten und Reichsverhältnisse beim Namen genannt werden. Wir befinden uns hier nicht mehr in jenem »Gehäus« der gelehrten Kommentare, wie die großen Doctores, Albert und Thomas, sie verfaßt haben, die sich durch scharfsinnige Textanalysen auszeichnen, bei deren Lektüre wir aber allenfalls nur schattenhaft erahnen können, ob ihnen wohl auch zeitgenössische Institutionen und Erfahrungen vorgeschwebt haben mögen. Marsilius weiß seine solide Aristoteles-Kenntnis und Aristoteles-Nutzung mit einem frischen Blick und kräftigen Griff in seine eigne »Zeitgeschichte« zu vereinigen. Der König, »inclitissimus Ludovicus«, kommt nicht nur in der Widmung vor, die ich zu Anfang angeführt habe, sein Gegenspieler, Johannes XXII., wird als »der gegenwärtige römische Bischof« (den Titel »Papst« weigert sich Marsilius zu gebrauchen) mit gewissen allerneuesten Edikten zitiert (134, 19), die vorausliegenden Auseinandersetzungen zwischen Kaiser Heinrich VII. und

Papst Clemens werden gelegentlich ausdrücklich in Erinnerung gerufen; in einem anderen Zusammenhang bezieht er sich – in freilich etwas verdeckter Formulierung – auf gewisse »ungesetzliche« Steuererhebungen des französischen Königs, und, was Institutionen betrifft, so will ich nur die Erörterungen über die deutsche Königswahl erwähnen, wobei die Zusammensetzung und Wirkungsweise des Kurfürstenkollegs ausgiebig zur Sprache kommt, übrigens auch dessen Dissens bei der Doppelwahl von 1314 – »dubium est in sedicionem universam deducere policiam (bedenklich ist es, das Gemeinwesen in allgemeine Zwietracht zu stürzen), quemadmodum monstrat experiencia in eleccione nova principis Romanorum« (97, 18-20).

»Experiencia«, die Erfahrung, sie ist in diesem Buch durchweg faßbar gegenwärtig, solche Hinweise sind nicht selten, auch im Sinne wiederkehrender Beobachtungen – wenn es heißt »videmus« wir sehen doch, daß (zum Beispiel) neu gewählte Fürsten – oder auch Päpste – ebendeswegen höhere Bewunderung genießen, und dergleichen mehr.[23]

Die »civitas« ist das Muster, das »regnum« zugleich der Erfahrungsstoff, welcher nach diesem Muster geordnet, gedeutet und auch geformt wird. Durchgängig ist es die abstrakte, die philosophische »civitas«, nicht die empirische etwa der italienischen Heimat, weder eine einzelne noch ein Typus: es scheint mir ganz unvollziehbar, daß Marsilius, wie man vielfach annimmt, eine oder die empirische Stadt dem empirischen Reich sollte als Modell empfohlen haben. Hätte er das gemeint, er wäre Manns genug, es auch deutlich auszusprechen, wie er jene anderen Erfahrungsgegenstände deutlich bezeichnet hat, zumal die Verhältnisse des Reiches und der Reiche. (Ob da oder dort unwillkürliche assoziative Erinnerungen an die heimische Stadtverfassung vor-tyrannischen Typs einfließen, ist eine andere Frage.) Nein, es ist Aristoteles, philosophus eximius in civili sciencia, der die Maßstäbe und Kriterien bereithält, welche Marsilius auf die aktuellen Erscheinungen seiner Gegenwart anwendet. Daß ein Reich nach seiner materiellen Seite ein gründlich anderes Phänomen ist als eine empirische Stadt, das sieht natürlich auch Marsilius: zu seinen Merkmalen gehört ja, daß es eine ganze Anzahl von Städten (und anderen Gebilden) umfaßt – wie er denn auch definiert, daß der Begriff »regnum« (in einer seiner Bedeutungen) »importat pluralitatem civitatum seu provinciarum sub uno regimine contentarum« (11, 1). Oder wie er sehr anschaulich mit Hinblick auf das Reich, das römische seiner Gegenwart also, sagt, daß »Roma namque cum Maguncia et reliquis communitatibus sunt unum regnum seu imperium«, und dies aus keinem anderen Grunde, als weil jede von diesen Städten durch ihren Willen einer einzigen obersten Regierung – »ad unum numero principatum supremum« – zugeordnet ist (119, 17-20). Eben diese Einzahl, Einheit und Eindeutigkeit der Regierung ist für Marsilius aber das entscheidende Kennzeichen – soll ich (abermals anachronistischerweise) sagen: der Staatlichkeit?, das Wort ist schwer zu vermeiden!, jedenfalls aber der Vergleichbarkeit, Zusammengehörigkeit und wechselseitigen Bezüglichkeit der »civitas« und des »regnum«, der normativen Stadt und des empirischen Reiches.

Denn beide, der Musterbegriff der Stadt und der Erfahrungsbegriff des Reiches, sind in diesem Buche durchgängig in eine einzige Formel zusammengespannt: »civitas et regnum«, »civitas aut regnum«, »civitas vel regnum«, auch umgekehrt: »regnum aut civitas«, ferner »regna atque communitates«, »regna seu civilitates«, die Wendungen variieren, zumal das Bindewort wechselt, aber die Bindung selber bleibt fest, man muß wahrhaftig von einer Verlötung oder gar Verschmelzung sprechen.[24] Der Ausdruck »civitas et regnum« ist zentral, in seiner Bedeutung kaum zu überschätzen, in ihm ist gleichsam das Geheimnis der marsilischen Theorie der Politik beschlossen. Zwar ist Marsilius, wie man zu Recht bemerkt hat, in der Geschichte der politischen Philosophie nicht der erste, der diese Gleichung aufgestellt und diese (additive oder alternative) Formel gebraucht hätte, unter seinen Vorgängern in diesem Punkt ist namentlich Egidius Romanus zu nennen, Schüler des heiligen Thomas, der Verfasser des verbreitetsten Fürstenspiegels – De regimine principum – der Epoche. Aber der Sinn ist dort ein anderer. Egidius und seinesgleichen wollen nur die genetische Reihe des Aristoteles fortsetzen, die vom Haus über das Dorf zur Stadt als der vollkommenen Gemeinschaft führte; jetzt wird mit wirtschaftlichen, moralischen und militärischen Gründen dargetan, daß solche »Vollkommenheit« eigentlich erst dem »regnum« eigne und daß es deswegen, sozusagen modernerweise, an die Stelle der klassisch-herkömmlichen »civitas« zu setzen sei.[25] Die Äquation ist in der Tat bereits hergestellt, aber sie bleibt einigermaßen folgenlos – schon darum, weil diese Schrift »de regimine principum« handelt und nicht »de pace« wie diejenige des Marsilius.

Deren Gegenstand ließe sich – zum wenigsten, was den Ersten Teil anlangt – auch noch mit einem anderen Stichwort kennzeichnen: »de policia«. Zu deutsch: Über die Verfassung. Denn hierin, im Verfassungsprinzip und in der Verfassungsstruktur liegt – im Unterschied zu jenen Vorläufern – der marsilische Grund der Gleichung und Vergleichung von civitas und regnum. Er sagt es selbst mit aller denkbaren Deutlichkeit: Wie weit auch das Reich nach seiner materiellen Erscheinung von der Stadt abweiche – »non differt regnum a civitate in policie specie«. Nicht unterscheidet sich das Reich von der Stadt nach der Art der Verfassung (11, 3).[26] Was kann das bedeuten? Und wie in aller Welt soll diese Behauptung erwiesen werden?

IV

Man kann die Frage auch anders und derber formulieren: Wie sollen »Kaiser, König, Kurfürst, Rat« in der (aristotelischen) Polis untergebracht werden? Die Aufgabe mutet uns Heutige phantastisch, surrealistisch an, wir sind von der Geschichtlichkeit fasziniert, von der historischen Differenz und Unvereinbarkeit. Obwohl wir möglicherweise unsererseits – in den dogmatischen Elementen unserer Wissenschaften – nicht minder phantastische Operationen vollführen und es nur nicht wahrnehmen deswegen, weil uns unsere eigne spezifische Geschichtlichkeit verborgen ist.

Ich will die Lösung des Marsilius in einigen exemplarischen Hinsichten skizzieren, soweit ich sie zu verstehen glaube. Noch muß ich vorausschicken, daß der Verfasser des »Defensor Pacis, Prima Diccio« diese seine These von der fundamentalen Identität von Stadt und Reich »in policie specie« nach meinem Eindruck gar nicht mit unbedingter methodischer Konsequenz und Vollständigkeit durchverfolgt hat. Er ist kein Pedant. Es bleiben einerseits gewisse Partien der aristotelischen Modell-Stadt unerwähnt oder im Dunkel, und es werden andrerseits gewisse eigentümliche Verfassungsprobleme des empirischen »Reichs« in einiger Breite erörtert – und ich meine nicht allein diejenigen, die mit Papst, Kirche und Priesterschaft zusammenhängen –, die auf der Seite der »civitas«, also der Lehrmeinungen, die aus dem latinisierten Aristoteles stammen, keine Entsprechung haben. Diese Verkürzungen nach der einen, Abschweifungen und Ausbauten nach der anderen

Seite, also diese Disproportionalitäten werde ich hier im großen und ganzen aussparen.[27]

Das erste Exempel: der Begriff des Bürgers. Die civitas besteht aus cives. Bei Marsilius führen auch die Mitglieder, die Teilhaber, die Untertanen des regnum durchgängig und ausnahmslos den Namen und Titel von Bürgern. Auch das ist zwar nicht ganz neu, doch zweifle ich, ob je zuvor mit derselben krassen Konsequenz ausgesprochen worden ist, daß »tam principantes quam subiecti« – die »Herrschenden« wie die Untertanen – beide gleichermaßen cives heißen und doch wohl auch sein sollen (9, 21) und daß, noch deutlicher, der »principans«, auch wenn er ein einziger Mensch ist – das heißt also doch: der König! –, der »primus civis« sei (612, 10). Ist das nur ein antikes Kostüm, eine erhabene Einkleidung? Oder hat diese Redeweise eine reale Bedeutung? Stellt sie eine Umprägung dar, eine Neubestimmung der konstituierenden Elemente der mittelalterlichen Reichs-Ordnung? Kann man, muß man sich praktisch-politische oder rechtliche Folgen ausdenken, die aus solcher definitorischen Verwandlung erwachsen?

Wir sind wohl nicht imstande, auf diese Fragen ganz endgültige Anworten zu geben, die Sache wird in der Schwebe bleiben müssen. In einer Hinsicht allerdings und immerhin zeitigt die Qualifikation aller Reichsglieder als »Bürger« innerhalb des marsilischen Werkes eine bedeutende Folge: das ist die Gleichheit vor dem Gesetz. In diesem Punkt denkt Marsilius streng aristotelisch: »Oportet enim legem quidem principari omnium« (58, 20), das Gesetz muß über alle (oder: das Ganze – πάντων!) regieren, sagt Aristoteles im Vierten Buch der »Politik« und wiederholt Marsilius mit Emphase. Wie er denn auch das wunderbare aristotelische Exempel von jenem König Theopompos mit einem Ausruf der Begeisterung wiedergibt, der freiwillig sich eines Teils seiner Macht entäußerte (61, 10). Ausdrücklich heißt es, daß die Regenten »in seipsis et ad cives subditos regulati« (59, 1) sein sollen, daß sie also auch selber an dieselbe Regel gebunden seien, wie die ihnen »untertanen Bürger« (in dieser Attribution scheinen die historischen Welten gleichsam unbemerkt zusammenzutreffen!). Was indessen die eigentlich politische Konsequenz des Bürgerseins anlangt, so zitiert Marsilius zwar auch hier ungescheut und mit ausdrücklicher eigner Zustimmung die berühmte Definition aus dem Dritten Buch der aristotelischen »Politik«, ein Bürger sei, »qui participat in communitate civili, principatu aut consiliativo vel iudicativo«

(darin steckt also die griechische Volksversammlung und das Volksgericht!), aber er fügt ihr eine verräterische Wendung bei, die in den einschlägigen Passagen des Aristoteles keinerlei Stütze findet: »...secundum gradum suum«, je nach seinem Rang oder Stand.[28] Dort, wo Aristoteles die allgemeinste bürgerliche Wirksamkeit beschreibt, wo er das Minimum an Staatstätigkeit seiner Definition zugrundelegt, gerade an dieser Stelle scheint Marsilius, indem er die Definition »mißversteht« – das heißt: seinen Erfahrungen anpaßt –, eine privilegierte Stellung vorauszusetzen. Die cives sind also in politischer Hinsicht offenbar durchaus nicht gleich. (Daß sie »gesellschaftlich« nicht gleich sind, hat schon Aristoteles als eine Art Naturtatsache hingenommen, seine zwei Hauptklassen kehren in der lateinischen Version und so auch im »Defensor Pacis« wieder unter den Bezeichnungen »honorabilitas« und »vulgus«[29]). Daß es Grade der Qualifikation zur bürgerlichen Teilnahme gibt, diese Zutat handgreiflich mittelalterlichen Charakters bietet, wie mir scheint, einen Schlüssel zur Erkenntnis – oder doch wenigstens zur Erahnung des Sinnes derjenigen Ausdrücke, die das größte Rätselraten unter den Übersetzern und Editoren des »Defensor Pacis« verursacht haben.

Das ist die »universitas civium« und ihr »valencior pars«. Ich gebe jetzt nur ein einziges Textbeispiel, es ist eine zentrale Stelle, sie findet sich in demjenigen Kapitel (dem XII.), welches die Frage nach dem Ursprung der menschlichen Gesetze, nach der Natur des »menschlichen Gesetzgebers« behandelt. Dort heißt es (63, 15 ff.): »Nos autem dicamus...

> legislatorem seu causam legis effectivam primam et propriam esse populum seu civium universitatem aut eius valenciorem partem, per suam eleccionem seu voluntatem in generali civium congregacione per sermonem expressam...«

Zu deutsch – ich versuche eine möglichst getreue und genaue Wiedergabe: »Wir aber wollen sagen..., der Gesetzgeber oder die erste und eigentümliche wirksame Ursache des Gesetzes sei das Volk, das heißt die Gesamtheit der Bürger oder deren gewichtigerer Teil, durch ihre Abstimmung oder Willenserklärung, wie sie in einer allgemeinen Versammlung der Bürger in mündlicher Rede ausgedrückt ist.«

Was für ein Erfahrungsstoff, was für eine zeitgenössische Erscheinung kann unter diesen abstrakten Wendungen verborgen sein – Wendungen, die übrigens noch immer von einzelnen Begriffstrümmern aus dem Aristoteles Gebrauch machen?[30] Da es außer Zweifel steht, daß es die Phänomene des Reichs (und der Reiche) sind, welchen die musterhaften Begriffe der polis (civitas) aufgeprägt oder aufgepfropft, hier auch angepaßt werden, so kann es nur die Reichsversammlung sein, welche das empirische Äquivalent der »congregacio civium« bildet. Reichstage, Etats Généraux, Parlamente – das scheinen die institutionellen Veranstaltungen der Epoche zu sein, in welchen sich, laut Marsilius, die »universitas civium« aktualisiert, und sie haben ja wohl – nach dem Urteil der Historiker – gerade im Laufe des 13. Jahrhunderts einen Höhepunkt ihrer Ausbildung erreicht, was die Breite ihrer Zusammensetzung, auch die relative Kontinuität anlangt.[31] Daß hierin die empirischen Entsprechungen der marsilischen »universitas civium« und ihrer »congregacio« zu suchen sind, hat nach manchen Irrwegen auch die Spezialforschung entdeckt: Mme. Quillet ist in ihrer Pariser Thèse zu demselben Ergebnis gekommen. Ich will noch zwei Argumente hinzufügen, die es stützen. Einmal kommen im »Defensor Pacis« gar nicht selten jene charakteristischen kumulativen Bezeichnungen vor, die in der Epoche für die Reichsglieder, also die Konstituentien der Reichsversammlungen üblich sind – »principes, communitates, collegia et singulae personae«[32] –, das zeigt, wie vertraut der Verfasser mit dem Phänomen ist. Zum zweiten spricht aber auch die Symmetrie der Anlage des Werkes für diese Deutung, denn die Tendenz des Zweiten Teils des »Defensor« geht dahin, als höchste Autorität der Kirche das Allgemeine Konzil zu etablieren, in welchem sich die »universitas fidelium«, die Gesamtheit der Gläubigen, darstelle.[33] Es zeigt sich, daß die Vorstellungen des Marsilius von den beiden umfassenden »Korporationen«, mit denen er es zu tun hat, der »universitas civium« und der »universitas fidelium«, in ihren konkreten Erscheinungsformen einander analog sind.

Wenn Reichstage die aktuelle Gestalt der aristotelischen bürgerlichen Urversammlung (ἐκκλησία) darstellen, so muß man jene »valencior pars«, den gewichtigeren – oder gewichtigsten[34] oder: wichtigsten – Teil, wie er ausdrücklich »quantitate et qualitate«[35] verstanden werden soll, am ehesten vielleicht bei den Fürsten und ihrem Anhang vermuten oder, allgemeiner, bei denjenigen beschränkteren Gruppierungen, welche der König auswählen mag, wenn er nicht die ganze Breite der »universitas regni« einzuberufen und zu versammeln gesonnen ist. Insoweit aber, als diese »valencior pars« (in gewissen Zusammenhängen) tatsächlich an die Stelle der »Gesamtheit« selber rückt, als sie diese Gesamt-»Bürgerschaft« zu »repräsentieren«[36] übernimmt, scheint eher ein wohlumschriebenes Kollegium gemeint zu sein, welchem eine bestimmte Aufgabe kommissionsweise anvertraut, ein Mandat erteilt werden kann: das ist wohl die Stelle, an der die Kurfürsten ins Spiel treten. Der Papst, heißt es in einer stark polemischen Passage des Zweiten Teils, wisse gar nicht, was der Sinn und die Bedeutung einer Wahl ist, »et propter quid in valenciore parte debencium eligere consistat potestas ipsius« (492, 1-2) – und weswegen ihre Rechtskraft auf dem bedeutsameren Teil derer beruht, die wählen sollen. Deswegen nämlich, lautet seine eigne Antwort, weil der Wahlakt einzig vom »legislator«, also von der Gesamtheit als dem Gesetzgeber abhänge »vel ab hiis tantummodo, quibus idem legislator talem auctoritatem concesserit« – oder aber von den Männern ausschließlich, denen ebendieser Gesetzgeber eine solche Ermächtigung erteilt hat (492, 7). Das sind die Kurfürsten, und wenn sie nicht einig werden, so soll auch unter ihnen wiederum die »valencior pars« entscheiden.

Man sieht, daß Repräsentationsverhältnisse und Mandatserteilungen hier eine große Rolle spielen – und dergleichen Stellvertretungs-Gedanken wie vor allem der der »valencior pars«, die für die Gesamtheit eintrete, sind denn allerdings dem Aristoteles selber ganz fremd, es sind spezifisch »moderne« Zutaten und Umformungen: Die »demokratische« Doktrin, die man aus dem »Defensor« hat heraushören wollen, erleidet bei näherem Zusehen erhebliche Einbußen, die Berufung auf den populus erscheint über all jenen Vermittlungen zuweilen beinahe wie eine bloße Fiktion. Aus demselben Grunde möchte ich mich auch nicht denjenigen Auslegern anschließen, die hier von der Idee der »Volkssouveränität« sprechen oder von einer Vorform davon. Wie ein bedeutender Kenner der politischen Ideengeschichte des Abendlandes, Alessandro Passerin d'Entrêves, vor Jahrzehnten schrieb, fehlt in dem »Defensor Pacis« gänzlich dasjenige Prinzip, welches der modernen Doktrin der Volks-Souveränität zugrunde liegt, das der ursprünglichen Gleichheit aller Mitglieder der Gemeinschaft.[37] Noch auch haben wir es überhaupt mit »Souveränität« zu tun, wie man wegen jenes starken Plädoyers für die notwendige Einzigkeit der Regierungsgewalt gemeint hat.[38] Auch für Marsilius scheint mir die Bemerkung zu gelten, die der Historiker Karl Bosl hinsichtlich des Spätmittelalters schlechthin gemacht hat: »Die Tatsache« – in unserem Fall muß ich sagen »der theoretische Auftritt« – »der Stände verbietet es,..., von Souveränität zu sprechen«.[39] Nein, es handelt sich nicht um Souveränität noch um Volkssouveränität noch um Demokratie in diesem Buch, wenn man auch einräumen kann, daß Keime von alledem in seinem Humus stecken mögen. Es handelt sich aber in der Tat um eine Verfassungslehre oder eine Verfassungskonstruktion.

V

Dieses Reich, dem der philosophische Politiker die musterhafte aristotelische Stadt gleichsam aufgepfropft hat, stellt sich, modern gesprochen, als ein eigentümlicher Verfassungsstaat, mittelalterlich gesprochen, als eine »policia« oder ein »regimen politicum« dar. Die Verpflichtung des Regenten auf das gemeine Wohl macht es freilich nicht, das war auch ein Merkmal der hergebrachten Königslehre und stand in allen Fürstenspiegeln. Aber die Elemente, die zuvor erörtert wurden – die Herrschaft des Gesetzes, seine Herleitung von dem »menschlichen Gesetzgeber«, die Etablierung der Reichsversammlung als einer Quelle sowohl des Rechts als auch der Bestellung des Regenten, – »legumlacionis seu institucionis auctoritas« (65, 18) –, das Votum für die Wahlmonarchie, die Bindung des Regenten an die Regierten, die geradezu in Vorschriften der Verantwortlichkeit und der Kontrolle sich ausdrückt (wovon ich hier nicht im einzelnen gesprochen habe): diese Elemente insgesamt bilden gewiß ein Verfassungsmodell, wie es in solcher Deutlichkeit, Ausführlichkeit und Systematik wohl seit dem Altertum nicht aufgestellt worden war.[40] Ptolemäus von Lucca, der die Staatsschrift seines Lehrers Thomas von Aquin zu Ende geführt hat – er schrieb um die Wende des 13. und 14. Jahrhunderts, als Marsilius ein junger Mann war –, hat wohl als erster das eigentlich »politische« Regiment vom königlichen unterschieden und es nach Verfassungskriterien beschrieben[41], aber er hat noch die ausdrückliche Einschränkung gemacht, daß es sich mehr für Städte eigne als für Reiche. Marsilius hat den Sprung von der Stadt zum Reich gewagt. Besser: er hat das Reich nach Art der Stadt aufgefaßt, beschrieben und rekonstruiert. Man könnte vielleicht auch sagen: Er hat das Reich aufgefordert, eine Art Stadt zu sein. Darum auch muß man seiner Umbenennung der Reichsglieder in

Bürger (cives) – unerachtet der Paradoxien und Unstimmigkeiten, die diesem Namen in dieser geschichtlichen Welt anhaften – in jedem Fall eine starke symbolische Bedeutung zuerkennen. Die unscheinbare Formel »civitas aut regnum« enthält wahrhaftig in nuce die ganze große Leistung dieses Autors.

Anmerkungen und Erläuterungen

Im folgenden sind die »Erläuterungen«, anders als die kürzeren »Anmerkungen«, jeweils mit einer Stichwort-Überschrift versehen; die Folge der Ziffern bleibt von dieser Unterscheidung unberührt. Es soll auf diese Weise erleichtert werden, den ganzen Beitrag auch fortlaufend zu lesen, anstatt zwischen dem Vortragstext und den Anmerkungen hin- und herzublättern.

Das Hauptwerk des Marsilius, den »Defensor Pacis«, zitiere ich nach der Edition von Richard Scholz, die 1932 in den »Fontes iuris Germanici antiqui« erschienen ist. Der Scholzsche lateinische Text liegt auch der deutschen Übersetzung zugrunde – und ist ihr beigegeben –, die Kunzmann und Kusch im Rahmen der »Leipziger Übersetzungen und Abhandlungen« 1958 in (Ost-)Berlin herausgebracht haben. Deren deutsche Version habe ich wohl immer zu Rate gezogen, wenn ein Zitat zu verdeutschen war, doch habe ich sie nicht immer wörtlich übernommen. – Wo im Text einzelne Stellen mit Seiten- und Zeilen-Angaben bezeichnet sind, beziehen sich diese auf die Scholzsche Ausgabe; diese Paginierung haben auch Kusch und Kunzmann jeweils am Rand, so daß man die Zitate auch dort leicht auffinden kann.

1 In der Hauptsache folgt diese Skizze den biographischen Kapiteln des »Marsilio« von Carlo Pincin, Turin 1967; dort sind die Quellenbelege sorgsam verzeichnet.

2 Im II. Teil des »Defensor Pacis«, Kap. XVIII, § 6, Scholz, S. 30, steht zu lesen, es habe »auch der Verfasser dieses Buches (qui librum hunc in lucem deduxit) gesehen, gehört und gewußt, wie die Universität Orléans (studiosorum universitatem Aureliani) durch ihre Boten und Briefe die Pariser Universität als die berühmtere und verehrungswürdigere um ihre Regeln, Privilegien und Statuten ersuchte und anflehte, und doch war sie der Pariser Universität weder vorher noch nachher hinsichtlich der Autorität oder Gerichtsbarkeit irgend untergeordnet«.
Der Fall figuriert als eines von zwei Vergleichsbeispielen zum Beweis, daß auch der Bischof von Rom über die Gemeinden anderer Länder in alter Zeit keine Befehlsgewalt innegehabt habe, obwohl er ihnen »caritative atque fraterne« mit Rat und Tat und auch mit personellen

Empfehlungen geholfen habe. Marsilius hat hier also seine eigne Erfahrung unbefangen und sachgemäß als phänomenales Exempel in die Argumentation wider den päpstlichen Herrschaftsanspruch eingeführt.

Scholz vermutet, der Vorgang habe sich während der Rektoratszeit des Marsilius abgespielt, als nämlich die Universität Orléans von Philipp dem Schönen aufgelöst worden war.

3 Die Quelle ist angegeben von Richard Scholz in der Einleitung seiner Ausgabe, S. LVI, n. 2. Er hört aus der Formulierung des Papstes »Gereiztheit und Erbitterung« heraus. Marsilius' damaliger Auftraggeber Matteo Visconti war 1317 von Avignon mit dem Bann belegt worden.

4 Das Gedicht aus hundert hexametrischen Zeilen ist vollständig wiedergegeben bei Pincin, S. 37-40. Dort ist auch die Überlieferung des Textes geschildert. Pincin hat ihn unmittelbar nach der einzigen bekannten Handschrift von neuem ediert. Die Überschrift lautet: »Albertini Muxati Paduani poete et historiographi Ad magistrum Marsilium physicum Paduanum Arguens eum de inconstantia«.

5 Bei Kusch-Kunzmann heißt es: »...der Du als Diener Gottes diesem Werke endgültige Erfüllung geben wirst, die, so wünscht es, ihm von außen zuteil werden soll.« Eine Fußnote erklärt, das »inesse« und der ganze Relativsatz sei »unklar«. Der amerikanische Übersetzer, Alan Gewirth, hat die Stelle ganz verdreht, indem er das Verbum, das »wünschen«, auf den angeredeten König zurückbezieht: »...God's servant, who shall give to this task that external fulfillment of it which you desire« (»Marsilius of Padua, The Defender of Peace«, II, New York 1956, S. 6).

Eine ganz ähnliche Anspielung findet sich übrigens 137, 10, und das ist innerhalb des Werkes ein sehr markanter Ort, nämlich der Schluß des Ersten Teils: Aus dem Bewußtsein einer Verpflichtung gegenüber der menschlichen Gesellschaft, sagt er dort, nehme er sich vor, »hanc pestem« – nämlich die Herrschaftsanmaßung des römischen Bischofs – »a fratribus Christi fidelibus doctrina primum et qua valuero exteriori consequenter opera propulsare«, von den christusgläubigen Brüdern abzuwehren »zunächst durch wissenschaftliche Unterweisung und in der Folge, soweit es in meinen Kräften steht, durch tätige Bemühung in der äußeren Welt«. (Ich versuche den Sinn des knappen Originals durch eine etwas ausführliche Übertragung zu verdeutlichen.) Hier ist nicht einmal auf die Macht des Königs Bezug genommen, vielmehr bekundet der Gelehrte, seiner besseren Einsicht völlig gewiß – »desuper mihi datum est« –, daß er in eigner Person von der Theorie zur Praxis fortzuschreiten gedenkt.

6 *Friede durch Konflikt*

»Nun sind, wie gesagt, die Früchte des Friedens oder der Ruhe die besten, die Schäden des Gegenteils aber, des Streits, unerträglich: propter quod pacem optare, non habentes querere, quesitum servare, litemque oppositam omni conamine repellere debemus« (5, 19-23). Selten erhebt sich der Stil des Marsilius zu solcher rhetorischer Kraft wie an dieser Stelle. Man kann sich ihrem Eindruck nur schwer entziehen, und doch liegt gerade hier das philosophische Hauptproblem des ganzen Werkes. Eine Anmerkung ist nicht der Ort, eine systematische Erörterung anzustellen, ein kurzer Hinweis muß genügen. Auch diese Friedenstheorie läuft auf eine Konflikttheorie hinaus – insofern nämlich, als erstens die Beförderung des Friedens mit der Bekämpfung des Streites in eins gesetzt ist, und als zweitens beide Abstraktionen, der Friede wie der Streit, in der näheren Ausführung alsbald zu zwei konkreten Gewalten kristallisieren, zur weltlichen und geistlichen. Der »Defensor Pacis« wird unweigerlich zum »repulsor litis« (wenn der Ausdruck erlaubt ist), der konkrete Friede kann hiernach nur in der Behauptung einer einzigen Autorität, der politischen, und in der Unterwerfung des sacerdotium unter das regnum bestehen, einfacher gesagt, in der Ausschaltung oder Domestizierung des einen und einzigen Friedensstörers. (Eine andere Lösung des marsilischen Problems habe ich in der Vorlesung »Begriff des Politischen« entworfen: »Schriften« IV, S. 308-310 und 319-320.)

7 Richard Scholz, der Marsilius' »politische Hinwendung zu Deutschland« – durchaus einleuchtend – in die Jahre der Entstehung des »Defensor Pacis« verlegt, hat die Frage aufgeworfen, warum er dann erst zwei Jahre nach Vollendung des Buches – »und gezwungen durch die Entdeckung seiner Verfasserschaft«, also eben als ein Flüchtling – an den Hof des deutschen Königs gelangt sei; er wußte keine Antwort (Einleitung seiner Ausgabe, S. LVII). Carlo Pincin führt eine Quelle an, aus welcher eine mögliche Erklärung zu entnehmen ist. Der anonyme Fortsetzer der Chronik von St. Denis erwähnt die beiden Pariser Magister, Marsilius und Johannes von Jandun, zuerst im Zusammenhang des Jahres 1318, danach wieder beim Jahr 1326, aber mit der Bemerkung, sie seien »circa ista fere tempora« zu Ludwig nach Nürnberg gekommen, daher Pincin selbst die herkömmliche Datierung relativiert: der Zeitpunkt ihrer Ankunft am Kaiserhof sei »nicht genau bestimmbar«. Vor allem gibt der Chronist an, die beiden seien zu Paris in der Wissenschaft »satis famosi« gewesen und seien »a quibusdam de ducis familia« (die päpstliche Partei erkannte Ludwigs Königtum ja nicht an, nannte ihn nur den Herzog von Bayern), welche sie in Paris kennengelernt hätten, ermittelt worden, und auf deren Bericht hin seien sie am Hof und schließlich sogar in besondere Gunst aufgenommen worden (Pincin, S. 149, n. 3). Es ließe sich denken, daß eine derartige persönliche Vermittlung ihre Zeit gebraucht und daß die beiden Gelehrten das Ergebnis abgewartet hätten.

8 Giovanni Villani, florentinischer Chronist des 14. Jahrhunderts,

macht diese Bemerkung und setzt hinzu, der Vorgang habe viel Verwunderung erregt. Seine »Cronica« ist von Moutier 1823 in Florenz ediert worden. Ich zitiere die Stelle nach Pincin, S. 159/160.

9 Der Zusammenhang ist so auffällig, die Überzeugung unter den Historikern so allgemein, daß sie selbst in Ploetz' »Auszug aus der Geschichte« Eingang gefunden hat: »Die Kaiserkrönung und die Absetzung des Papstes zeigen die Einwirkung der Ideen des Marsilius von Padua« (28. Auflage, 1976, S. 677).

10 Es ist der neugewählte Papst Clemens VI., der in einer Ansprache vor dem Konsistorium diese Mitteilung machte. Der Passus lautet vollständig in deutscher Übersetzung folgendermaßen: Ludwig der Bayer »wurde auch verurteilt wegen Begünstigung von Ketzern. Er unterstützte nämlich den Marsilius von Padua und Johannes von Jandun, diese Häresiarchen und wegen Häresie Verurteilten, und hielt sie bei sich bis zu ihrem Tode; und wir wagen zu sagen, daß wir kaum je von einem schlimmeren Ketzer Kenntnis erhalten haben als jenem Marsilius. Daher wir im Auftrag unseres Vorgängers Benedikt aus dessen Schrift mehr als zweihundertvierzig häretische Artikel ausgezogen haben« (zitiert nach Pincin, S. 233).

11 Schon Otto von Gierke hat, zuerst in seinem Buch über »Johannes Althusius und die Entwicklung der naturrechtlichen Staatstheorien« (1880), dann ausführlicher im »Deutschen Genossenschaftsrecht« (1881), der Staatslehre des Marsilius und also dem Ersten Teil des »Defensor Pacis« die Hauptaufmerksamkeit gewidmet, zumal er ihn als einen radikalen Verfechter der »Volkssouveränität«, sogar im »demokratischen« Sinne, interpretiert. In unserem Jahrhundert gilt ähnliches von den beiden Gelehrten, die – nahezu gleichzeitig – den »Defensor« auf Grund der Handschriften kritisch ediert haben, dem Engländer C. W. Previté-Orton und dem Deutschen Richard Scholz. Jener schildert in seiner Studie über »Marsilius of Padua« (in den »Proceedings of the British Academy« von 1935) wiederum in erster Linie die Staatslehre und charakterisiert sie als »wesenhaft republikanisch«, schreibt dem Marsilius allerdings auch die Konstruktion »einer parlamentarischen Regierung der Kirche« zu und stützt sich hierbei auf den Zweiten Teil des »Defensor«. Eine gewisse Ausnahme von unserer Regel macht der französische Forscher Georges de Lagarde, der in seiner Interpretation von 1934 (»Marsile de Padoue ou le premier théoricien de l'Etat laïque«) die »ekklesiologischen und religiösen Partien, welche doch drei Viertel des ›Defensor Pacis‹ ausmachen«, stärker hervorhob als seine Vorgänger; insbesondere polemisierte er deswegen gegen Felice Battaglia's Darstellung (»Marsilio da Padova e la filosofia politica del medio evo«, Florenz 1928). Lagarde wiederum fand den höflichen Widerspruch von Richard Scholz in einem Aufsatz in der »Historischen Zeitschrift« von 1937 (»Marsilius von Padua und die Genesis

des modernen Staatsbewußtseins«): Alles komme »auf ein genaues Verständnis des ersten Teils an, d. h. m. a. W. auf das Verständnis des Aristotelismus, wie ihn Marsilius verwendet« (S. 99). Scholz hatte übrigens schon in einer Studie von 1903 (»Die Publizistik zur Zeit Philipps des Schönen und Bonifaz' VIII.«) anhangsweise auch über die »Staatsauffassung« des Marsilius sich geäußert, und zwar ganz in der Spur von Gierke: »Sein Grundgedanke ist die Idee der Volkssouveränität« (S. 452).

Unter den Heutigen bezeugt namentlich der amerikanische Übersetzer des »Defensor«, Alan Gewirth, das überwiegende Interesse an der »Diccio prima«; vier Kapitel seines ersten Bandes (»Marsilius of Padua and Medieval Political Philosophy«, New York 1951) sind deren Themen gewidmet, dem Staat, dem Gesetz, dem Gesetzgeber und der Regierung, nur eines der Kirche. Ausgeglichener stellt sich die Behandlung der beiden thematischen Komplexe – und daher zu einem gewissen Grad auch der beiden fraglichen Teile des »Defensor« – dar in der jüngsten Monographie, derjenigen von Jeannine Quillet, »La Philosophie Politique de Marsile de Padoue« (Paris, 1970); hier findet man zwei gleichgewichtige Partien über »La politique marsilienne« und »L'ecclésiologie marsilienne«. Obwohl die Titel der beiden Werke fast identisch sind, die fachlichen Interessen der beiden Autoren – Gewirth und Quillet – in die gleiche Richtung weisen, scheint sich in dem zweiten Fall doch das katholische Land geltend zu machen. Carlo Pincin schließlich, der Italiener, der sein Buch ganz einfach »Marsilio« betitelt hat, ohne seine wissenschaftliche Aufmerksamkeit näher zu spezifizieren, liefert gleichwohl eine neue Bestätigung insofern, als sein Referat des Ersten Teils des »Defensor« ungefähr dreimal so lang ausgefallen ist als das des Zweiten.

Es versteht sich, daß ich mit dieser Übersicht weder einen Mangel tadeln noch Hilfe beschaffen möchte. Es gilt nur, das tatsächliche überwiegende Interesse der modernen juristischen, historischen und politisch-philosophischen Wissenschaft nachzuweisen. Gewiß unterscheidet es sich beträchtlich von demjenigen der Zeitgenossen des Marsilius und der ihm nachfolgenden Generationen.

12 *Typologie des Königtums*
Genau genommen, unterscheidet Marsilius – dort, wo er seine eigne Einteilung der Arten der Monarchie vorträgt – fünf Typen von Wahlmonarchie (institutio »per eleccionem incolarum«): entweder wird der Monarch eingesetzt mit seiner ganzen Nachkommenschaft oder nur für seine Lebenszeit oder für diese und die eines Nachfolgers oder mehrerer Nachfolger oder schließlich für einen begrenzten Zeitraum (44, 16-27). Alle diese Formen rechnen, wohlgemerkt, zu den gemäßigten, also nicht-tyrannischen Monarchien. Die Hauptunterscheidung des Marsilius weicht von der herkömmlichen des Mittelalters

und der thomasischen ab: sein Kriterium besteht nicht so sehr – oder nur in zweiter Linie – in der moralischen Qualifikation der Regierungsweise, ob nämlich das »bonum proprium« oder das »bonum commune« das Ziel des Herrschers bilde, als vielmehr in der Verhaltensweise der Untertanen, ob sie nämlich freiwillig oder unfreiwillig gehorchen. »Subditorum consensus«, die Zustimmung der Untertanen, heißt es 44, 16, sei das wichtigste Merkmal der gemäßigten Regierungsart. Diese Distinktion des Marsilius weist immerhin eine gewisse Verwandtschaft mit derjenigen des Ptolemäus von Lucca auf, er unterschied zwischen »regimen despoticum« und »regimen politicum«. Insgesamt indessen muß Marsilius' Einführung des »consensus« als Unterscheidungsmerkmal – und implizit auch als Legitimationsgrund – in der Tat als bedeutsame Neuerung angesehen werden. In diesem Sinn äußert sich auch Alan Gewirth in einer Fußnote zu der fraglichen Passage (»Marsilius of Padua«, Bd. II, S. 27) und in seiner Interpretation (Bd. I, S. 241).
Die Figur der »Wahl« eines ganzen Königsgeschlechts hat ein gewisses Vorbild in der Typologie, die Aristoteles im Dritten Buch der »Politik« aufgestellt hat. Dort heißt es von dem Königtum der heroischen Zeiten, man habe die Stammväter wegen ihrer wohltätigen Leistungen zu Königen gemacht und die Gewalt »auch erblich auf ihre Nachkommen« übertragen (1285b 8). Im lateinischen Text, den Marsilius vor sich hatte, lautet die Stelle: »facti fuerunt reges voluntariorum et successive sumentibus patrii« – was zwar grammatisch als nicht ganz stimmig erscheint, den Sinn der erblichen Nachfolgeschaft jedoch deutlich macht (Susemihl, »Aristotelis Politicorum libri octo cum vetusta translatione Guilelmi de Moerbeka«, Leipzig 1872, S. 217).
Inwieweit aber Marsilius bei seiner – einigermaßen schematischen – Aufreihung, die in allem übrigen keine Stütze bei Aristoteles findet, eigene Geschichtskenntnisse und -beobachtungen zugrunde gelegt oder etwa verbreitete mittelalterliche Anschauungen von der Herrscherbestellung fortgeführt hat, das bedürfte einer gesonderten Untersuchung. Am ehesten läßt sich seine Typologie, wie es scheint, mit den deutschen Reichsverhältnissen wenn nicht zur Deckung, so doch partiell in eine Beziehung bringen. Ganz allgemein jedenfalls entspricht seine Unterordnung auch der erblichen Sukzession unter das Wahlprinzip offenbar durchaus der Rechtsauffassung des deutschen Mittelalters. Heinrich Mitteis sagt in seinem Buch über »Die deutsche Königswahl« ([2] 1944, jetzt Darmstadt 1969), daß auch in Perioden, da »kraft des Geblütsrechtes der Thron gewissen Geschlechtern vorbehalten« war, dieser Tradition »nur durch das Mittel der Wahl« Geltung habe verschafft werden können; ein »Erbrecht im eigentlichen Sinne« habe auch diese Tendenz nicht erzeugt. Insgesamt, faßt Mitteis zusammen, »war also Deutschland wirklich ein Wahlreich« (S. 45). Allerdings

hat er dabei gerade die Notwendigkeit der jeweils neuen Thronerhebung des einzelnen Königs im Auge, ob er einer königlichen Sippe angehört, ob er vom Vater designiert war oder ob er – wie zu Marsilius' Zeit – ohne Sukzessionszusammenhang aus dem Kreis der Fürsten gewählt wurde. Dieser Gesichtspunkt fehlt bei Marsilius. An anderer Stelle, in jenem sechzehnten Kapitel, das der aktuellen theoretischen Auseinandersetzung gewidmet ist und in großer Ausführlichkeit die Argumente für und wider die Erbmonarchie, für und wider die Wahlmonarchie ausbreitet, um schließlich entschieden für die letztere zu votieren, tritt eben die je einzelne Wahl (»nova eleccio«) dem System der erblichen Sukzession ausschließend gegenüber, obwohl diese auch hier als »Wahl« – eines ganzen Geschlechtes – definiert bleibt. Alle Elemente sind in der Kapitelüberschrift enthalten: »An magis expediat policie monarcham quemlibet per novam eleccionem singillatim sumere vel aliquem quendam solum eligere cum omni posteritate sua, quam generis successionem vocare solent.« Dieses Kapitel hat die Aufmerksamkeit der Interpreten in stärkerem Maße erregt als das neunte mit seinen typologischen Erörterungen.

Die fünfte Form, die er dort anführt, die Bestellung auf begrenzte Zeit, fällt aus den historischen Vergleichbarkeiten überhaupt heraus. Hier wäre man versucht, an städtische Magistraten zu denken, handelte nicht das ganze Kapitel, wie immer wieder ausdrücklich betont wird, von den »monarche regales«, vom Königtum. Man muß wohl annehmen, daß der Autor da einfach die abstrakten Möglichkeiten ausspinnt ohne Rücksicht auf empirische Kasuistik. Auch die Figur der Wahl eines Herrschers zusamt mehrerer Nachfolger, die ja von derjenigen eines ganzen königlichen Geschlechts unterschieden wird, mutet künstlich und ausgedacht an. Das Vorbild des Aristoteles, der stets wie ein Botaniker Arten und Unterarten vorführt, hat offenbar eine starke Suggestion ausgeübt; er hatte es freilich immer mit wirklichen Phänomenen zu tun.

13 *Einheit der Regierung, Vielheit des Staats*

Die Stelle steht 113, 15-18. Das ganze Kapitel, das siebzehnte, handelt »de numerali unitate supremi principatus civitatis aut regni, et ipsius necessitate...«. Das Beiwort »numeralis« ist auffällig, offenbar soll es die »zahlenmäßige« Einheit – im Unterschied etwa zur moralisch postulierten – ganz pointiert hervorkehren, das heißt: die Einzigkeit. Zwei Handschriften haben (laut Scholz) »singulare« statt »numerali«, das ist vielleicht deutlicher. Treffend gibt Mme. Quillet die Absicht des Marsilius wieder mit dem Satze: »Vouloir la paix, c'est vouloir une autorité unique« (»La Philosophie Politique de Marsile de Padoue«, S. 259). Ausführlich erörtert Gewirth (Bd. I, S. 115ff.) den kardinalen Unterschied zwischen der marsilischen Einheitsforderung und der traditionellen Einheitslehre der älteren Theologie und Philosophie, na-

mentlich des Thomas von Aquin und des Johannes von Paris, auch Dantes: sie alle beziehen sich auf das weltliche Regiment, lassen aber die weltlich-geistliche Zweiheit aus dem Spiel. Demgegenüber Marsilius: »Duo namque coactiva dominia non subinvicem posita... se impediunt« (162, 18 – Gewirth macht auf diese prägnante, übrigens völlig unmetaphysische, rein politisch-pragmatische Formulierung aufmerksam). Zwei Gewalten stören sich, es muß die eine der anderen untergeordnet sein oder werden.
Die These von der notwendigen Einzigkeit und Einhelligkeit der Regierung scheint dem Vielheits-Theorem des Aristoteles zu widerstreiten und sich unversehens eher der platonischen Position zu nähern, welche Aristoteles so energisch bekämpft hat (»...eine Vielheit seiner Natur nach ist der Staat« 1261a 18). Doch hat die »Verfassungslehre« der ersten Diccio des Marsilius auch ihrerseits durchaus »pluralistischen« Charakter, bleibt also in der aristotelischen Spur: die »universitas civium« ist eine Vielheit, und insbesondre bilden die sechs Stände, worein sie sich gliedert, wiederum eine Vielheit; das Einheitsprinzip gilt mit Betonung einzig für die Regierung, welche zwingende Gewalt ausübt und gerade weil sie zwingende Gewalt ausübt. Es ist bemerkenswert, wie genau dieser politische Denker zwischen dem Staat und der Regierung zu unterscheiden weiß. Mit hoher Klarheit zeigt sich das an dem folgenden Satz: »Sic quoque unius civitatis aut provincie homines dicuntur una civitas aut regnum, quia volunt unum numero principatum.« Zu deutsch: Wenn man von »einer« Stadt oder »einem« Reich spricht und die Gesamtheit der jeweiligen Bewohner darin einbegreift, so nur deswegen, »weil sie eine einzige Regierung wollen«. Ausdrücklich setzt er hinzu, es handle sich nicht um eine substantielle Einheit, sondern um »pluralitas quorundam dicta unum« (120, 5 ff.), eine Vielheit gewisser Dinge (oder: Leute), die Eines genannt wird.

14 Die Datierung von Dantes »Drei Büchern über die Monarchie« war im vorigen Jahrhundert lange der Gegenstand gelehrter Kontroversen. Inzwischen hat man sich wohl zumeist wieder der älteren Überlieferung zugeneigt, welche, nach dem Vorgang des Boccaccio, die Entstehung des Werks mit dem Romzug Kaiser Heinrichs VII. in direkte Beziehung und also in die Jahre 1310 bis 1313 setzt. Danach wäre es etwa zwölf Jahre älter als der »Defensor«. In diesem Sinn äußern sich George H. Sabine in der dritten Auflage seiner »History of Political Theory« (New York 1961, S. 257) und noch jüngst Quentin Skinner von Cambridge in seinen »Foundations of Modern Political Thought« (Cambridge 1978, Bd. I, S. 16).

15 Die Wahl sei im ganzen christlichen Mittelalter nicht als »individuelle Willensbetätigung«, sondern vielmehr als »ein Akt der Erkenntnis einer sich offenbarenden, objektiv gegebenen Wahrheit« aufgefaßt, sagt Heinrich Mitteis in der schon erwähnten Schrift über »Die deutsche

Königswahl«, S. 24. Reichliche Beispiele aus den Quellen findet man in Fritz Kerns fundamentalem Werk über »Gottesgnadentum und Widerstandsrecht« (ursprünglich 1914, Neuauflage Münster 1954). Kern betont sogar in seiner Erörterung der »Dei gratia«-Formel, daß sie sich »geradezu auch auf die Wahl beziehen« könne, »indem Gottes Wille sich in der Wahl betätigt« (S. 259). Ich habe dieses Phänomen in den Zusammenhang der Legitimitäts-Typologie gerückt in »Grund und Abgrund der Macht« (Frankfurt 1962), im ersten Kapitel. Dantes Satz, daß »allein Gott erwählt«, nimmt nur auf, was schon in früher, karolingischer Zeit in der Formel »a Deo electus« ausgedrückt war (Kern, S. 14, Anm. 27).

16 *Legitimation durch Wahl*
Die zitierte Wendung (492, 6) steht in einem bedeutsamen Zusammenhang, im XXVI. Kapitel des Zweiten Teils, wo Marsilius nämlich den Generalangriff wider den päpstlichen Anspruch führt, die Reichsgewalt des Königs und Kaisers durch Krönung und Salbung erst eigentlich zu legitimieren. Hinge die Wahl des Herrschers derart vom Willen des »römischen Bischofs« ab, schreibt er, so liefe das auf nichts anderes hinaus »quam Romanum solvere principatum« (491, 9), auf die Auflösung der Regierungsgewalt. Der erwählte König könne nicht handeln, könne nicht einmal die täglichen Unterhaltskosten aus den Reichsmitteln entnehmen »absque huius episcopi licencia«. Die Wahl durch die Fürsten wäre dann nichts weiter als eine bloße Nennung, ein Vorschlag – nominacio. So viel Autorität (nämlich: so lächerlich wenig!) könnten, fährt er mit ungewöhnlicher sarkastischer Schärfe fort, dem König auch »septem tonsores aut lippi«, sieben Bartscherer oder Triefäugige, verleihen. Er sage das nicht, um die Kurfürsten herabzusetzen, fügt er für begriffsstutzige Leser hinzu, sondern im Gegenteil zur Verhöhnung dessen, der ihnen ihre Autorität rauben wolle. Und nun folgt seine eigne emphatische Theorie der Wahl, ihres Ursprungs und ihrer Legitimationskraft (492, 1-8): »Ignorat enim ipse, que sit eleccionis virtus et racio, et propter quid in valenciore parte debentium eligere consistat potestas ipsius« – der Papst wisse nicht, was die Bedeutung und den Sinn der Wahl ausmache und weswegen ihre Macht eben auf dem gewichtigeren Teil derer beruhe, welche zu wählen haben (die »valencior pars« sind also gerade die sieben Kurfürsten!), und ihre Wirkung – »effectus« – könne nicht vom Willen irgendeines einzelnen (wie: des römischen Bischofs) abhängen, »sed a solo legislatore, super quem principans debet institui« –, sondern, heißt das, einzig von dem Gesetzgeber, das ist nämlich die »Gesamtheit der Bürger« oder das »Volk«, welches zu regieren der Fürst eingesetzt werden soll – »vel ab hiis tantummodo, quibus idem legislator talem auctoritatem concesserit« –, oder doch, und zwar ausschließlich von denjenigen, welchen der Gesetzgeber eine solche Vollmacht eingeräumt hat (das sind

abermals die Kurfürsten, die an Stelle und in Vollmacht des »Gesetzgebers« handeln).
Ich habe diese Passage so ausführlich wiedergegeben, weil sie in knappem Konzentrat die wesentlichen Elemente der marsilischen Verfassungslehre enthält und zugleich, wie es gerade der erregte Ton, die erhobene Stimme anzeigt, die Zielrichtung seiner ganzen Argumentation, sein politisches Hauptinteresse vollkommen klar erkennen läßt.

17 *Römer 13 als Beweismittel*

Im letzten Kapitel ihres Buches über »la philosophie politique de Marsile de Padoue«, welches Schlußfolgerungen zu formulieren bestimmt ist, liest man bezüglich der »fondations du pouvoir impérial« mit Überraschung als ersten Punkt: »Der Kaiser, minister Dei, hat seine Gewalt von Gott allein inne.« Und wiederum hat Mme. Quillet ihre Darstellung des »Defensor Pacis« zusammengefaßt in der so verdienstvollen Edition der »Kleineren Schriften« des Marsilius, die sie mit anderen besorgt hat (»Marsile de Padoue, Œuvres Mineures, Defensor Minor, De Translatione Imperii«; Texte établi, traduit et annoté par Colette Jeudy et Jeannine Quillet, Paris 1979, S. 341), mit drei einfachen Sätzen, von denen der erste lautet: »Die Autorität des Reiches stammt unmittelbar von Gott.«
In dem zuerst angeführten Buch wird zum Beweis der These auf Buch II, Kapitel V, § 4, des »Defensor« verwiesen. Dieser Abschnitt besteht genau zu neun Zehnteln aus Zitaten, und zwar zunächst aus dem Römerbrief des Apostels Paulus – es ist die berühmte Stelle, die wir nach Luther zu zitieren pflegen mit den Worten »Jedermann sei untertan der Obrigkeit, die Gewalt über ihn hat, denn es ist keine Obrigkeit ohne von Gott; wo aber Obrigkeit ist, die ist von Gott verordnet« (lateinisch: »Omnis anima potestatibus sublimioribus subdita sit; non enim est potestas nisi a Deo. Que autem sunt a Deo, ordinata sunt«). Dem folgen breite Passagen aus verschiedenen autoritativen Kommentaren – aus der »Glosse der Heiligen«, wie er sagt –, die sämtlich dartun, daß hier weltliche Obrigkeiten gemeint sind, Curator, Proconsul, Imperator, oder abermals Könige, Fürsten, Tribune und Centurione, ob heidnisch oder christlich, ob gut oder schlecht. Die Absicht des Autors geht ganz handgreiflich dahin, mit diesen biblisch-theologischen Zeugnissen nachzuweisen, erstens, daß der Apostel Gehorsam fordert gegenüber den weltlichen und nicht den geistlichen Behörden, zweitens, daß »jedermann« und daher eben auch die Geistlichen aller Ränge solchen Gehorsam schuldig sind. Selbst angesichts des Konfliktfalles, daß nämlich Gott etwas anderes befiehlt als der Kaiser, und worin man, nach Augustin, »den Kaiser unbeachtet lassen und sich nach Gott richten« solle, selbst bei Erörterung dieses ethisch-politischen Kardinalproblems zeigt Marsilius kein anderes Interesse als das, den Papst mit der Nase darauf zu stoßen, daß er in dieser Alternative

nicht vorkomme und in dieser Entscheidungsfrage keine Rolle zu spielen habe. Er argumentiert hier mit einer Spitzfindigkeit, die den heutigen Leser beinahe witzig anmutet: »Jedoch hat Augustinus nicht gesagt: Wenn das eine der Kaiser und das andere ein Bischof oder Papst befiehlt; das hätte er jedoch sagen müssen, wenn der Papst eine höhere Instanz in der Rechtsprechung darstellte« (185, 17-22). Das Argument liegt dem Marsilius so sehr am Herzen, daß er es im folgenden Paragraphen (189, 17) fast wörtlich noch einmal wiederholt. Wie überhaupt dieser fünfte Abschnitt des Kapitels, wo wir Marsilius' eigene Stimme vollends deutlich vernehmen, den Zweck und Ertrag dieses Exerzitiums in der Schriftauslegung mit geradezu krasser Schärfe kenntlich macht derart, daß auch der bedenklichste christliche Leser, wie man annehmen sollte, nicht mehr daran zweifeln kann: »omnes homines cuiuscumque status aut condicionis existant, realiter et personaliter subesse debere iurisdiccioni principum seculi et iisdem obedire in hiis omnibus, que non contradicunt legi salutis eterne, secundum humanas leges maxime aut consuetudines honestas et approbatas« (188, 10-15). Ebendenselben Sinn und Zweck lassen auch alle übrigen Stellen erkennen, an denen Marsilius die Anfangsverse des 13. Kapitels des Römerbriefs zitiert; insgesamt kommt das, nach dem Register von Kunzmann-Kusch, vierzehnmal vor.

Der Ton liegt also durchgängig nicht sowohl darauf, daß die Obrigkeit von Gott, als vielmehr, daß es die weltliche sei, der man zu gehorchen habe. Der Hinweis auf die »menschlichen Gesetze« (und das anerkannte Gewohnheitsrecht) stellt unüberhörbar die Verbindung zur »Verfassungslehre« des Ersten Teils her: diese »menschlichen Gesetze« stammen vom »menschlichen Gesetzgeber«, nicht vom göttlichen. Einzig zu Moses Zeiten war Gott nicht »entfernte«, sondern »bewegende« Ursache, nämlich »unmittelbar« tätig in der Gesetzgebung und in der Berufung von Regierungspersonen. Aber das ist lange her und selten vorgekommen: »... olim raro et in paucissimis ... causa movens immediata fuerit Deus absque humana determinacione« (36, 17-19). Davon, sagt der politische Denker, könne man nichts beweisen, man halte sich daran »simplici credulitate absque racione« – und er geht alsbald zur Tagesordnung der irdischen Ursachen und Wirkungen über (40, 5 und 40, 17). Natürlich heißt das nicht, der Magister leugne die göttliche Herkunft und Gewähr dieses weltlichen Regiments und seiner Gesetze. Er hat aber, wie oben im Vortragstext erwähnt wird, mittels der ingeniösen scholastischen Unterscheidung zwischen »causa efficiens« und »causa remota« den Umkreis der politischen Verhältnisse mitsamt Kaiser und Reich in seiner diesseitigen Eigengestalt so wohl definiert und so weitgehend gegen die Jenseitigkeit abgedichtet wie kein Autor des Mittelalters vor ihm. Es ist darum auch ganz abwegig, den Staat des Marsilius mit der »Monarchia« des Dante in dieser Hinsicht in

eine verwandtschaftliche Beziehung zu setzen, wie Mme. Quillet an der zuerst angeführten Stelle (S. 264) doch getan hat; Dante hat keine Verfassungslehre entworfen, und er hat Gott keineswegs an den entfernten Ort der »causa remota« weggerückt, ihn vielmehr gerade in die direkteste Beziehung zum Kaiser gebracht.
Das Königswahlgesetz Ludwigs des Bayern, das Gesetz »Licet iuris«, das auf dem Frankfurter Reichstag im August 1338 – und also zu Lebzeiten und gewiß mit der geistigen Teilnahme des Marsilius – verkündet wurde, hat die beiden Legitimationsweisen, die hier in Frage stehen, miteinander verknüpft: »... declaramus, quod imperialis dignitas et potestas est immediate a solo deo et quod de iure et imperii consuetudine antiquitus approbata est, quod, postquam aliquis eligitur in imperatorem sive in regem ab electoribus concorditer vel a maiori parte eorundem, statim ex sola electione est verus rex et imperator Romanorum censendus et nominandus et eidem debet ab omnibus imperio subditis obediri ..., habet plenariam potestatem nec pape sive sedis apostolice aut alicuius alterius approbatione, confirmatione et auctoritate indiget vel consensu.« Die Verknüpfung scheint der Idee zu folgen, daß das Amt als solches »unmittelbar von Gott allein« herrühre, daß die Person des Gewählten indessen eben durch die Wahl, »sogleich auf Grund allein der Wahl« für den wahren (das heißt: legitimen) König und Kaiser anzusehen sei, daß es dazu also keiner irgendwie gearteten geistlichen Bestätigung bedürfe. Die Beziehung dieses Dokuments auf die Theorie des Marsilius ist offenkundig, sogar in Einzelheiten wie in jenem »statim« meint man im Hintergrund seine Argumentation zu hören, und doch folgt der Gesetzestext hinsichtlich der divinen Legitimationsformel, wie sehr sie an Bedeutung und Tonstärke auch hinter dem »humanen« Element der Wahlprozedur und ihrer Rechtsfolge zurücksteht, immer noch mehr der Tradition oder der Konvention als die einschlägigen Äußerungen des Marsilius: in seinem Buche sucht man das »immediate a solo deo« vergebens. (Der Gesetzestext ist zitiert nach Edmund E. Stengel, »Avignon und Rhens«, Weimar 1930, S. 157. In einem vorausliegenden Fall, nämlich beim Text der Ansprache, die Ludwig im Mai 1338 bei dem sogenannten Ständetag von Frankfurt gehalten hat, urteilt Stengel, daß sie die Lehren des Marsilius geradezu widerspiegele: S. 108).

18 In der neuen Ausgabe von 1970 figuriert die Erörterung des »Defensor Pacis« (unter diesem Titel) als dritter Band des Gesamtwerkes »La Naissance de l'Esprit laïque au Déclin du Moyen Age«. Der Text ist gründlich überarbeitet, neuere Literatur kritisch erörtert. Übrigens fußte auch die erste Auflage (von 1948) schon auf einer älteren Fassung, sie stammte von 1934.

19 »De origine communitatis civilis« handelt das dritte Kapitel, vom »Endzweck des Staates« das vierte, von den Ständen oder »Teilen des

Staats« das fünfte, sechste und siebente, »De generibus policiarum sive regiminum« das achte Kapitel des Ersten Teiles. Die aristotelische Frage, »ob es zuträglicher ist, von dem besten Manne regiert zu werden oder von den besten Gesetzen« (»Politik« III, 15), wird aufgenommen im elften Kapitel, insbesondere 53, 10ff. Dort prägt Marsilius den schönen Satz: »...lex sit oculus ex multis oculis« (57, 4). – Von der Bibel abgesehen, sind die Werke des Aristoteles bei weitem die meist zitierten, und unter diesen hält wiederum die »Politik« den Rekord. Andere antike Autoren – Cicero, Sallust, Seneca – kommen nur ganz gelegentlich vor.

20 Das Schlußkapitel, das dritte des Dritten Teils, handelt »De titulo huius libri« und faßt in gedrängter Kürze zusammen, was Regenten und Untertanen beachten sollen, den öffentlichen Frieden – »pax seu tranquillitas civilis« – zu erreichen und zu bewahren. Der letzte Absatz beginnt mit den Worten, wenn jeder dies begreife und befolge, »salvabitur regnum et quevis altera quecumque temperata civilis communitas in esse pacifico seu tranquillo« (613, 1). Auf das »regnum« kommt es also auch an dieser markanten Stelle in erster Linie an.

21 *Kritik der »italienischen« Interpretation*
Der erste, der das Modell der italienischen Stadt in der Staatslehre des »Defensor Pacis« zu erkennen gemeint hat, war ein Engländer, C. W. Previté-Orton, derselbe, von dem auch die früheste kritische Edition (1928) stammt. »Visionary and doctrinaire as is Marsilius' perfect state, it is not erected in the air without an actual pattern, of which it was the idealized representative«, heißt es in seiner einschlägigen Abhandlung in den »Proceedings of the British Academy« vom Jahre 1935 (zum ersten Mal hatte er seine These schon 1923 vorgetragen, »English Historical Review« XXXVIII), und die These lautet: »That earthly prototype was Italian« (S. 149). Es seien die Einrichtungen der freien Stadtrepubliken mitsamt ihren Rechtsfiktionen, welche Marsilius ins Ideale erhoben und »zum Maßstab zivilisierten Lebens« gemacht habe. Die Beweise sieht Previté-Orton in der fundamentalen Rolle der »allgemeinen Volksversammlung« (»arengo« oder »parlamento«), in der Figur der Experten-Kommissionen, welche die Gesetze vorzubereiten haben, in der Bestellung der Exekutive durch Wahl auf Lebenszeit oder auf kürzere Frist – zumal diese letztere Variante treffe eher mit italienischer Übung, etwa bei der Bestellung eines Podestà, zusammen, als mit derjenigen des Reiches –, in der Verantwortlichkeit der Exekutive und der Möglichkeit, ihre Maßnahmen zu kontrollieren und zu »korrigieren« – wobei wiederum das Podestà-System zugrunde liege –, schließlich in der Vorschrift, daß bewaffnete Macht dem Regierenden erst nach seiner tatsächlichen Betrauung zur Verfügung stehen solle.
Dies alles war einem späteren Interpreten (und Übersetzer), dem schon

mehrmals erwähnten Alan Gewirth in Chicago, noch viel zu zaghaft. (Im selben Sinn bezieht er sich auf ein älteres italienisches Werk, den »Marsilio de Padova« von B. Labanca, von 1882). Dieser gründliche Mann will nun (im ersten Band seines »Marsilius of Padua« von 1951) so gut wie alle Wesenszüge des »Staates«, wie er in der Diccio prima des »Defensor« entworfen ist, auf das Modell der italienischen Stadtrepublik in der Art von Padua zurückführen. Er findet hier die gesetzgebende Volksversammlung, die Wahl des Chefs der Verwaltung durch ebendiese Versammlung, dessen Beschränkung auf die »Exekutive«, seine Bindung an die Gesetze, seine Verpflichtung zur Rechenschaftslegung, seine richterliche Funktion, schließlich das Institut und den Begriff des »Friedens« selber, als welcher die gesamte Rechtsordnung der mittelalterlichen Stadt überhaupt bezeichne. Auch damit indessen nicht genug, meint Gewirth sogar den Grundkonflikt, dem der »Defensor Pacis« gewidmet ist und dessen Lösung er vorzeichnen und vorbereiten will, aus der paduanischen Erfahrung mit den geistlichen »Immunitäten« und dem Kampf um die städtische Gerichtshoheit auch über den Klerus herleiten zu sollen. »In respect both of their republicanism and of their anti-clericalism«, lautet sein Fazit (S. 28), »the »Defensor pacis« is the authentic spokesman of the north Italian cities«.

Der Amerikaner von 1951 zeigt sich nun allerdings einigermaßen unzufrieden mit dem Paduaner von 1324. Er beklagt erstens, daß Marsilius die Republik beschwöre in einem Augenblick, da sein Padua – wie andere Städte – gerade zur absoluten Einherrschaft (»Signoria«: Jacopo de Carrara herrschte seit 1318) übergegangen war, und daß er davon im »Defensor« keine Notiz genommen; daß zweitens Marsilius bei seinem »Friedens«-Konzept sowohl die Kriege unberücksichtigt gelassen habe, welche die italienischen Städte wider einander geführt hätten, als auch den inneren Klassenkampf zwischen Magnaten und Popolaren, womit er sich einer »Verfälschung der Geschichte Paduas und fast aller übrigen Städte Italiens« schuldig mache (diese Punkte S. 29/30); und schließlich drittens, daß Marsilius das republikanische Stadt-Modell des Ersten im Zweiten Teil völlig aufgegeben habe zugunsten eines fürstlichen Absolutismus. »The ›pars principans‹ of the first discourse is the republican ›podestà‹ of Padua and the ruler of the Aristotelian polity; but in the second discourse he is frequently the king of France or the Holy Roman emperor, and the ›imperator‹, ›dominus‹, ›Caesar‹ of Augustine and other glossators on the New Testament« (S. 253).

Selten hat sich wohl ein Forscher so weit verrannt. Lieber soll der Autor, dessen unausgesprochene Gedanken er, Gewirth, erraten oder erschlossen haben will, diese Gedanken durch Unterlassungen, Verfälschungen und schließlich durch perfekten Verrat desavouiert haben,

als daß er, Gewirth, auf die Idee käme, sein Marsilius, unser Marsilius habe womöglich etwas anderes im Sinn gehabt! Unter den Gedanken, die Marsilius seinerseits nicht unausgesprochen ließ, findet man leicht – und gleich zu Anfang seines Buches (4, 12) – jene patriotische Passage über das »Ytalicum regnum«, die oben im Haupttext erwähnt ist; dort ist sowohl von der Zwietracht und dem Streit (der italienischen Städte untereinander) als auch von den bitteren Folgen der Fremdherrschaft reichlich die Rede, und auch die »dura iuga tyrampnidum«, die »harten Joche der Tyrannenherrschaften« muß man, wie der Plural anzeigt, gewiß gerade auf die fundamentalen politischen Veränderungen beziehen, deren Beachtung Gewirth so sehr vermißt, zum Beispiel auch auf das Ende der republikanischen Verfassung von Padua und den Auftritt der »signoria«, der Einherrschaft. Wenn dies im Fortgang nicht wiederaufgenommen wird, so gewiß deswegen, weil es eben nicht das eigentliche Thema des »Defensor« ist.
Die meisten Elemente der »Staatslehre« des Marsilius, welche sowohl Gewirth als auch schon Previté-Orton als Zeugnisse für seine paduanische Orientierung aufführen, stammen zwar in der Tat aus dem Modell einer Stadtrepublik, doch nicht aus dem italienischen, sondern aus dem hellenischen, und sie stammen nicht aus einem zeitgeschichtlich-empirischen, sondern aus einem theoretisch-philosophischen Studium, nämlich aus der »Politik« des Aristoteles. Selbstverständlich hat keiner der wissenschaftlichen Autoren, die den »Defensor Pacis« interpretiert haben, diese Quelle übersehen noch übersehen können, da Marsilius selber sie (im Ersten Teil) ja fortwährend nennt. Indessen scheinen einige von ihnen, wie Previté-Orton und Gewirth, entweder die Mögichkeiten zu unterschätzen, die das Studium der »Politik« auch für konkrete Verfassungsentwürfe – und nicht nur für Wesensbestimmungen – bietet, oder aber das Interesse und die Fähigkeit des Marsilius zu verkennen, gerade solche deskriptiven Bestandteile des aristotelischen Werkes für sein eigenes Gebäude zu nutzen. Es ist nicht einmal so verwunderlich, daß man hinter der »Verfassungslehre« der Diccio prima ein empirisches Studium wittern möchte, wenn man in Rechnung setzt, in wie hohem Maße die »Politik« des Aristoteles selbst in die »vergleichende empirische Regierungslehre« fällt. Ein zweites Motiv mag hinzukommen: die italienischen Stadtrepubliken des späten Mittelalters weisen tatsächlich beträchtliche strukturelle Ähnlichkeiten mit den antiken auf, die Aristoteles beschreibt (ebenso wie die Stadt-Tyrannis der folgenden Epoche wie eine Wiederkehr der antiken Tyrannis anmuten kann); diese Ähnlichkeiten sind, wie die Verfasser von Schlüsselromanen hinsichtlich ihrer Figuren zu versichern pflegen, »rein zufällig«.
Um die Elemente in aller Kürze durchzugehen, die zum Beweis dienen sollten: die gesetzgebende Volksversammlung, wie sie namentlich im

zwölften Kapitel des »Defensor I« entwickelt ist, greift nach Marsilius' eigner Angabe die Figur der »ekklesia« aus dem Dritten Buch der »Politik« (zumal 1282 a) auf, und der Name »congregacio«, den er dieser Institution gibt, stammt aus dem lateinischen Text des Wilhelm von Moerbeke; ebendasselbe gilt von der Wahlfunktion dieser Bürgerversammlung, wobei wiederum die lateinische Version, die Marsilius vor sich hatte, seinem Wortgebrauch vorgearbeitet hat insofern, als die aristotelischen »archontes« (Beamten) dort durchgängig als »principatus« oder »principes« wiedergegeben sind; daß diese nach den Gesetzen regieren, hat Aristoteles des näheren im Vierten Buch dargelegt (z. B. 1298 b 2: »secundum legem autem principantur«), und daraus folgt denn auch die »exekutive« Funktion der Regierung, wenngleich nicht die richterliche, da ja im antiken Fall an dieser Stelle das Volksgericht steht, wofür denn allerdings der mittelalterliche Autor kein Verständnis aufzubringen und kein Äquivalent sich vorzustellen weiß; hingegen findet sich jenes Element, daß die Regierung vor der Bürgerschaft Rechenschaft abzulegen hat, welches doch für besonders italienisch angesehen und mit dem Podestà-System erklärt wurde, reichlich in der »Politik«, nämlich bei der Beschreibung der verschiedenen Spielarten und Funktionsverteilungen der Demokratie (z. B. 1281 b 33 und 1298 a 22), und dieser verfassungsmäßige Akt heißt im lateinischen Aristoteles durchgängig »correctio«, also ganz ebenso wie bei Marsilius. Eine gewisse Zutat scheint allerdings in dessen einschlägigem Kapitel (XVIII) der Terminus »correpcio« zu bilden, wovon ich in der lateinischen »Politik« kein Beispiel gefunden habe: die Verantwortlichkeit der Regierung gegenüber der Bürgerschaft soll demnach auch durch förmlichen »Tadel« (Kunzmann-Kusch sagen: »Zurechtweisung«) sanktioniert werden können.

Was den »iudex« und die richterliche Funktion anlangt, die Marsilius sehr im Unterschied zu Aristoteles dem »princeps« zuschreibt, so entspricht das der gemeinmittelalterlichen Auffassung und gilt vom König ganz ebenso wie von jenen Stadtherren, welche die aufs Italienische fixierten Autoren auch in dieser Figur geistern sehen.

Es bleibt noch, denjenigen feineren Einzelzügen der marsilischen »Verfassungslehre« nachzugehen, welche Previté-Orton, wie zuvor referiert, als Zeichen der italienischen Orientierung des »Defensor I« in Anspruch genommen hat. So verweist er auf die Bemerkung im zwölften Kapitel, daß die Bürgerschaft (oder ihr »gewichtigerer Teil«) die Gesetze zu machen auch jemandem auftragen könne, der indessen selber keinesfalls als Gesetzgeber gelten könne, »sed solum ad aliquid et quandoque«, also nur im zeitlich und sachlich begrenzten Auftrag, »ac secundum primi legislatoris auctoritatem«, und gemäß der Ermächtigung des primären Gesetzgebers tätig werde (64, 2-4). Eine solche kommissarische Möglichkeit (das Wort »committere« gebraucht auch

Marsilius) erwähnt Aristoteles im Zusammenhang seiner Erörterung der »beratenden Gewalt« und der verschiedenen Modalitäten ihrer Ausgestaltung im IV. Buch (14. Kapitel), und zwar scheint der Formel des Marsilius derjenige Typus nahezukommen, den er an vierter Stelle beschreibt: »... omnes de omnibus consiliari convenientes, principatus autem de nullo iudicare, sed solum referre« (1298a 30, die lateinische Version bei Susemihl 435, 4-6), womit also die Behörde auf eine rein gutachtliche Wirksamkeit beschränkt wird. Ganz sicher kann man freilich in diesem Punkt nicht sein, zumal Marsilius nicht ganz deutlich macht, ob der Auftrag »alicui vel aliquibus« nur einen Bericht oder auch eine Entscheidung verlangt. Ein weiterer Hinweis von Previté-Orton betrifft die Wahl der »Executive« auf begrenzte Frist. Diesen Punkt habe ich schon in Anmerkung 12 berührt. Hier mag hinzugefügt sein, daß selbstverständlich alle Beamtenwahlen in der aristotelischen »Politik« auf begrenzte Frist veranstaltet werden und daß dieses »republikanische« Vorbild dem Marsilius mindestens ebensowohl vor Augen gestanden haben kann wie die Berufung eines Podestà in Padua; beide Annahmen bleiben jedoch insofern ungenügend, als Marsilius an der fraglichen Stelle ja ausdrücklich von der »königlichen Monarchie« spricht. Endlich bezieht Previté-Orton sich noch auf die Vorkehrung, die Marsilius hinsichtlich der bewaffneten Macht empfiehlt, daß sie nämlich dem Regenten erst nach der Wahl beigegeben werden solle. Genauer heißt es (83, 10), es sei ihm »ante ipsius ad principatum eleccionem non necessarium... habere«, also er brauche nicht notwendig schon eine militärische Ausstattung mitzubringen; und zwar macht er diese Bemerkung deswegen, damit »studiosi pauperes«, tüchtige Unbemittelte, von der Wählbarkeit nicht ausgeschlossen würden. Unmittelbar zuvor ist aus dem Dritten Buch der »Politik« die Empfehlung des Aristoteles zitiert, die militärische Stärke des Regenten müsse zwar (vom Gesetzgeber) begrenzt werden, müsse aber größer sein als die eines einzelnen oder einer Kombination von mehreren, wiederum jedoch geringer als die der Gesamtheit: dies macht sich Marsilius wörtlich zu eigen. An ebender Stelle (1286b 37-40) führt Aristoteles altertümliche Beispiele zum Vergleich an, »quemadmodum antiqui custodias dederunt«, wenn sie jemanden zum Aisymneten oder Tyrannen wählten, und wie die Syracusaner verfahren hätten, als Dionys sie um eine Leibwache ersuchte (Susemihl 226, 4ff.): in beiden Fällen ist deutlich, daß diese Truppe erst nach der Wahl gewährt wurde. Der Sachverhalt also kann sehr wohl aus dem Aristoteles-Studium hergeleitet sein, wenn auch das Motiv des Marsilius ein anderes ist.

Tatsächlich also lassen sich nahezu alle Momente, die von den beiden modernen Autoren mit der oberitalienischen Stadtverfassung der republikanischen Ära in Zusammenhang gebracht wurden, ebenso gut aus dem Aristoteles begründen und belegen, und nicht einmal nur

ebenso gut, sondern sogar weit besser – deswegen, weil Marsilius sich auf Aristoteles fortwährend selber beruft (das Register bei Kunzmann-Kusch verzeichnet neunzig Zitate allein aus der »Politik«) –, während er die paduanische oder sonst eine Republik der Zeit überhaupt nicht erwähnt. Gleichwohl kann man durchaus einräumen, daß dem Italiener bei diesem oder jenem Merkmal der »civitas«, wie auch oben im Haupttext bemerkt, in assoziativer Weise auch die heimische zeitgeschichtliche Erfahrung in den Sinn gekommen sein mag; belegen läßt sich dergleichen freilich nicht. Eine andere Frage ist sein Kummer über den Zustand des »Ytalicum regnum«, des italischen Reiches, welches ja rechtlich zu den Herrschaftstiteln des deutschen Königs und »römischen« Kaisers gehörte. Außer der einleitenden Passage, die schon erwähnt wurde, ist hier das letzte Kapitel des Ersten Teils anzuführen (besonders 125, 20 und 127, 18). Das italische Reich interessiert ihn höchlich, kaum jedoch die italienische Stadt. Daß er jenes nennt, macht sein Schweigen über diese noch merklicher.
Die meisten Herausgeber und Übersetzer des »Defensor Pacis«, nämlich Previté-Orton, Scholz und Gewirth, haben in ihren Fußnoten bei ihren Nachweisungen von Aristoteles-Zitaten neben den griechischen auch die lateinischen Fundstellen angegeben, nicht so Kunzmann und Kusch; sie geben zuweilen sogar den griechischen Wortlaut, nie indessen den lateinischen, obwohl doch allein dieser dem Marsilius bekannt war. Hat man jeweils den Text der »vetusta translatio Guilelmi de Moerbeka« vor Augen, so kann man eigentlich nicht zweifeln, wo der Magister den Grundriß seiner »Verfassung« abgezeichnet hat.
Zum Beschluß dieser (unvermeidlicherweise ziemlich lang geratenen) Anmerkung sollen noch einige auffällige Zeugnisse für das zähe Leben der »italienischen« Interpretation angeführt werden. Auf eine originell verdrehte Weise hat die englische Rechtshistorikerin Maud Violet Clarke in ihrem vorzüglichen Buch über ›Medieval Representation und Consent‹ (London 1936) die vermeinte italienische mit der offenkundigen aristotelischen Orientierung verknüpft: »Marsilius of Padua hid his study of the Italian city-state under an Aristotelian disguise« (S. 5). Warum in aller Welt sollte er so geheimniskrämerisch vorgegangen sein! – Ebenfalls auf Previté-Orton fußt in dieser Hinsicht Professor Nicolai Rubinstein in London, dessen Studie über »Marsilius of Padua and Italian political thought of his time« (in dem Sammelband »Europe in the Late Middle Ages«, ed. Nale, Highfield, Smalley, Evanston 1965) sonst das rare Verdienst hat, die Bedeutung des Ptolemäus von Lucca für die politische Theorie und dessen »radikal« aristotelische Abweichung von der Lehre seines Meisters Thomas ins Licht zu rücken. Rubinstein erkennt an, daß Marsilius' »Civitas« den italienischen Tatsachen seiner Jahre nicht mehr entspreche, und so muß auch er, wie schon Previté-Orton, der Verfassungslehre des »Defensor I«

den »character of a republican idealization« (S. 70) zuschreiben. Eher scheint dessen »Idealität« doch ihre Herkunft aus der Philosophie zu verraten, nämlich der aristotelischen. Zu gleicher Zeit indessen will Rubinstein in der Erörterung des Marsilius über Wahl- und Erbmonarchie Ratschläge entdecken, die auf die ihm zeitgenössischen Anfänge der »Signoria«, der neuen quasi-monarchischen Stadtherrschaft in Padua und anderwärts gemünzt seien (ebenfalls S. 70 ff.). Eine solche Gedankenverbindung kommt mir sehr unwahrscheinlich vor deswegen, weil derselbe Denker ja, wie früher angeführt, zu Anfang seines Werkes ebendiese Entwicklungen als tyrannisch tief beklagt hat (4, 12: »... dura iuga tyrampnidum continuo subeuntes«). Ein neues Argument für die »italienische« These, das Rubinstein vorbringt, verblüfft auf den ersten Blick: Marsilius' Hinweis auf die Neigung von »Bürgern«, die sich von der Regierung durch minder Tüchtige ausgeschlossen finden, Aufruhr und Bürgerkrieg zu entfachen, habe keinerlei Bezug auf die große europäische Politik seiner Zeit, sei aber »highly pertinent to conditions in Italian city-states« und so fort (S. 71). Bei näherer Prüfung indessen entpuppt sich auch dies als eine Aristoteles-Paraphrase, und wiederum kehren bezeichnende Vokabeln aus der »vetusta translatio« in Marsilius' Text genau wieder. Es handelt sich um den Passus im Fünften Buch, der allgemeine Gründe für Umsturz und Aufruhr schildert, ich stelle die wesentlichen Sätze einander gegenüber:

Aristoteles latinus	*Marsilius*
»... etenim ipsi inhonorati et alios videntes honoratos seditiones faciunt: haec autem iniuste quidem fiunt, quando praeter dignitatem aut honorantur aliqui aut inhonorantur, iuste autem, quando secundum dignitatem. propter excessum autem, quando aliquis fuerit potentia maior, aut unus aut plures, aut penes civitatem et potentiam politeumatis: ex talibus enim consuevit fieri monarchia vel potentatus; ...« (Susemihl 505, 1-7; 1302b 11-18).	»Attendentes enim civium plurimi super se monarchizare frequenter minus dignos secundum virtutem, et semper principatus privari, aut non intantum vacant virtutibus quibus principari sint digni, aut vacantes continuo, tamen privati sibi quandoque debito principatu, iuste sedicionem movebunt; ...« (109, 17-22).

Es bedarf nicht des Äquivalents einer zeitgenössischen Erfahrung, die Nachzeichnung der abstrakten Umrisse der aristotelischen »civitas« hat auch in solchen Details für Marsilius ihren eigenen Sinn und ihre argumentative Bedeutung.

Seither ist die »italienische« Interpretation fast zum Gemeinplatz geworden. Man findet sie in Gesamtdarstellungen der politischen Ideengeschichte, so schon in George H. Sabine's »History of Political Theory« (zuerst New York 1937, 3. Aufl. 1961, S. 290) und neuestens in Quentin Skinner's »Foundations of Modern Political Thought« (Cambridge 1978, Bd. 1, S. 18/19), aber nicht nur in amerikanischen und englischen, sondern auch in deutschen Werken einschließlich historischer Standardwerke wie des »Gebhardt« (»Handbuch der deutschen Geschichte«, 1970, Bd. 1, S. 528), der »Propyläen-Weltgeschichte« (Bd. 5 von 1963, S. 602) oder des »Biographischen Wörterbuches zur deutschen Geschichte« (2. Aufl., Bd. 2, München 1974, Sp. 1804).

Einige Autoren, die der Suggestion der »italienischen« Hypothese nicht erlegen sind oder ausdrücklich von ihr abweichen, werden in der nächstfolgenden Anmerkung behandelt.

22 Carlo Pincin, »Marsilio«, Pubblicazioni dell'Istituto di Scienze Politiche della Università di Torino, Torino 1967, S. 57/58. Marsilius denke, heißt es dort, an eine Wiederherstellung der Fundamente des politischen Lebens »nach antikem Muster«. Seine Kritik betreffe »Monarchien und Signorien und jedes andere Regime in dem Maß, als es nicht den Willen der Gesamtheit der Bürger repräsentiert«. Zu diesen einleitenden Bemerkungen über den »Defensor Pacis« gehört eine ausführliche Fußnote. Darin tritt der Autor den Interpreten – er nennt vor allem Alan Gewirth – entgegen, die »in der Commune gewissermaßen das Anwendungsgebiet der marsilischen Theorien« sehen, »als habe sich Marsilius an die Vergangenheit gehalten«. Besonders wird die Annahme erwähnt, bei der Bürgerversammlung denke Marsilius wahrscheinlich an den städtischen »arengo«: »Mi pare si debba osservare que questa limitazione al Comune, o ad altre esperienze circoscritte, non sembra presente nel testo.«

Worauf die »universitas civium« des Marsilius wirklich Bezug habe, zeige in der Schrift »De translacione imperii« die Erwähnung der fränkischen und der römischen Volksversammlung. Das ist ein wichtiger Hinweis: Tatsächlich wird dort im sechsten Kapitel berichtet, daß nach der Absetzung des letzten Merowingers Childerich die Franken Pipin gewählt hätten, denn solches Recht liege »ad universitatem inhabitantium regionem, civium et nobilium vel ipsorum valentiorem multitudinem«, wie er, der Autor, im »Defensor Pacis« dargetan habe. Die Erwähnung der Rechte des »populus Romanus« (im achten Kapitel) ist vergleichsweise beiläufig. Auch eine Stelle aus dem »Defensor minor« führt Pincin noch an, die wiederum den »legislator humanus« definiert und ihm – über die abstrakte Bestimmung des »Defensor Pacis« hinausgehend – eine gewisse lokale und historische Heimat gibt: es sei der Gesetzgeber »universitatis hominum, qui coactivis legis praeceptis subesse debent, aut ipsorum valentior pars, in singulis regionibus atque provinciis«, in den einzelnen Gebieten und Ländern (beide Zitate nach den Texten der »Œuvres Mineures«, ed. Jeudy und Quillet, S. 402 und 254).

Die jüngste Monographie, die Pariser Thèse von Mme. Jeannine Quillet, die schon mehrmals erwähnt wurde, nimmt in unserer Frage eine zwiespältige Position ein. Obwohl sie in der Einleitung den Verfasser des »Defensor« unter die Ideologen der kaiserlichen Sache einreiht und also das Reichs-Interesse als Hauptmotiv hervorkehrt, beginnt ihr erster, historischer Teil mit einer Schilderung der oberitalienischen Commune, danach ihrer Verwandlung in die »Signoria«. Und obwohl sie diese paduanischen Erfahrungen also für so wichtig hält, glaubt sie nicht im mindesten an »demokratische« oder »republikanische« Tendenzen in Marsilius, spielt die italienische Stadt in der eigentlichen Darstellung seiner »philosophie politique« kaum eine Rolle. Im Gegenteil hat gerade diese Studie, wie oben im Haupttext noch zur Sprache kommen wird, mit großer Bestimmtheit die Reichsverfassung als Hintergrund der »universitas civium« und zumal der »valencior pars« kenntlich gemacht:

Noch mag hier nachgetragen sein, daß die beiden Autoren, denen unter den deutschen Forschern die größte Bedeutung für die Kenntnis und das Verständnis des Marsilius zukommt, Otto von Gierke im vorigen und Richard Scholz im jetzigen Jahrhundert, soviel ich sehe, keine wie immer geartete Beziehung zwischen seiner »Verfassungslehre« und den tatsächlichen Verfassungsverhältnissen der italienischen Städte hergestellt haben.

23 *Zeitgeschichtliche Bemerkungen*

Die aktuellen und im weiteren Sinne zeitgeschichtlichen Bemerkungen, Anspielungen, Analysen und Eingriffe sind so zahlreich, daß ich nur ein paar Beispiele herausgreifen konnte. Hier einige Nachweise dazu. Ludwig der Bayer ist nach dem Register bei Kunzmann-Kusch neunmal ausdrücklich genannt; Johan XXII. kommt ungefähr ebenso oft oder öfter vor, nie freilich mit seinem Papstnamen, sondern nur unter verächtlichen allgemeinen Bezeichnungen; mehrfach wird auf bestimmte Edikte Bezug genommen, auch auf so spezielle Handlungen wie die Ernennung zweier Bischöfe »de lingua sua occitana« (seiner provençalischen Sprache) in Winchester und in Lund (453, 20). Frühere Päpste nennt er eher mit ihrem offiziellen Namen, so Bonifaz VIII. und Clemens V.

Die Bemerkung über den Fürsten, der »preter legem voluit subditis exaccionem imponere« (62, 1) bezieht sich, wie Scholz angibt, auf eine Steuer Philipps des Schönen vom Jahre 1314, die auf den heftigen Widerstand des Adels traf; in einer Gruppe der älteren Handschriften des »Defensor« fand Scholz auch den König genannt mit der charakteristischen Wendung »vidimus«: »vidimus dum pulcer Philippus Francorum rex...«

Das Exempel von »videmus«, das im Text angeführt wird, steht 104, 1-6: »...wir sehen aus der Neuheit (der gewählten Person) eine Zunahme an Bewunderung und Ehrfurcht erwachsen«, und wenig später (104, 16): »...quod in ecclesiastica yconomia de Romano papa videmus.«

Auf die Kurfürsten wird angespielt 97, 15 und 106, 25; die Zusammensetzung ihres Kollegiums ist im II. Teil, Kapitel XXVI, § 9, erörtert. Der Zweite Teil des »Defensor« ist seiner Natur nach reicher an zeitgeschichtlichen Beobachtungen als der Erste.

24 *»civitas aut regnum«*

Die Wortverbindung kommt so häufig vor, daß eine Zählung zu mühsam wäre. Gleich im ersten Kapitel erscheint sie drei- oder viermal (in unterschiedlicher Formulierung: »civile regimen seu regnum«, »civilitates et regna«, »regna atque communitates«), in dem kurzen zweiten Kapitel gar siebenmal; das siebzehnte, das von der notwendigen Einheit der Regierung handelt, führt sie dreimal allein in seiner Überschrift: »De numerali unitate supremi principatus civitatis aut regni, et ipsius necessitate, unde eciam apparet unitas numeralis civitatis aut regni, et numeralis unitas singularum parcium primarum sive officiorum civitatis aut regni«.

Die deutschen Übersetzer, Kusch und Kunzmann, haben die Wendung zumeist mit »Stadt und Staat« wiedergegeben, gelegentlich auch mit der komplizierteren und gelehrteren Umschreibung »Stadtstaat und Territorialstaat«. Sie folgen offenbar dem Beispiel von Alan Gewirth, der als erster überhaupt den vollständigen »Defensor« in eine moderne Sprache übertragen hat: er hat »city or state«. Solche Annäherungen haben zwar den Vorzug, die angestrebte theoretische Allgemeinheit dieser »Allgemeinen Staatslehre« zu verdeutlichen, aber sie erkaufen ihn mit dem Preis des Anachronismus, der um so schwerer wiegt, je häufiger das Wort »Staat« gebraucht wird. Von den beiden fraglichen Substantiven verdiente das erste, »civitas«, noch eher die Übersetzung mit »state« und »Staat« als das zweite, denn die »civitas« ist ja nichts anderes als die latinisierte »polis«, und diese macht in der »Politik« des Aristoteles den Staat schlechthin aus. Tatsächlich haben Kusch und Kunzmann das isolierte »civitas« auch zumeist mit »Staat« wiedergegeben. In seinem Vorwort hat Kusch die Schwierigkeit erörtert: »›Civitas‹ und ›regnum‹ meinen in der ersten Dictio den gleichen Sachverhalt«, heißt es dort, und diese Ansicht sieht der Übersetzer gerade in der Formel »civitas sive regnum« bestätigt, sie bedeute »›jedes Staatswesen‹, ›Stadt oder Staat‹« (S. XII). Indessen ist »regnum«, bemüht man sich um eine mehr zeitgerechte Entsprechung, doch nichts anderes als das deutsche »Reich« und das englische »realm« (von französisch »royaume«). Nur durch die Einführung dieser Vokabel eröffnet sich auch der Zugang zu der Sphäre, welche Marsilius literarisch zu erreichen und auf die er einzuwirken strebt. Ob wir denn also »Stadt und Reich« oder allenfalls auch einmal »Staat und Reich« an die Stelle setzen, soll einerlei sein, nur muß das »regnum« und müssen die »regna« hindurchklingen.

Unter den Forschern hat sich namentlich Georges de Lagarde mit dieser Wortkombination und auch mit den Übersetzungen etwas näher beschäftigt (»La Naissance de l'Esprit laïque au déclin du Moyen Age«, Bd. III »Le Defensor Pacis«, Neue Ausgabe von 1970, S. 93 ff.). Überraschenderweise nimmt er sie aber für ein Zeugnis eines »vocabulaire multiple et imprécis« und einer Auffassung des politischen Systems, die »mindestens so konfus wenn nicht noch konfuser« sei als die seiner Vorgänger; mit dem Wort »Staat« hätten die Übersetzer zugleich »la cité et le royaume« zu bezeichnen gestrebt, »entre lesquels hésite la plume de Marsile«. Dieser Hochmut in Sachen der Begrifflichkeit muß um so mehr verwundern, als der getadelte Denker des Mittelalters sich, wie jedermann nachlesen kann, gerade mit der Bestimmung des Begriffs »regnum« eine Mühe gegeben hat wie mit keinem andern Element seines Wortschatzes; das ganze zweite Kapitel ist ihm gewidmet. Auch muß es wohl recht unwahrscheinlich anmuten, daß eine so fest geprägte und so häufig wiederkehrende begriffliche Figuration wie dieses »civitas vel regnum‹ ein »Zaudern der Feder« des Autors, also eine Unentschiedenheit seines Denkens verraten sollte.

Ein aufmerksameres Gehör hatte lange zuvor schon der hervorragende italienische Kenner der Ideengeschichte Alessandro Passerin d'Entrêves bewiesen, als er in seinen schönen Oxforder Vorlesungen über »The Medieval Contribution to Political Thought« (1939) auf die »wesenhaft aristotelische« Theorie des Marsilius und auf ebenjene – additive oder alternative – Formel zu sprechen kommt: er habe die Notwendigkeit empfunden, »to enlarge the Aristotelian notion of ›polis‹ so as to be able to apply it to the different types of states of his age« (S. 53).

25 Beispielsweise beginnt das XV. Kapitel des zweiten Teils von Egidius' Werk »De regimine principum« mit dem Satz, das Gemeine Wohl erfordere außer dem Naturrecht noch »leges aliquas positivas... quas regentur regna et civitates«. Die aufsteigende Reihe der Gemeinschaften wird im dritten Buch sogleich angekündigt: im ersten Kapitel werde dargetan, wegen welches Gutes »inventa fuit communitas domus, civitatis et regni«. Näher heißt es im fünften Kapitel: Wie es nützlich sei, mehrere Dörfer in einer Stadt zu versammeln, damit man den Bedarf leichter decken könne, so auch »utile est, civitates plures congregari sub uno principatu aut sub uno regno...« (wobei »regnum« zugleich »Königtum« bedeutet). Dem wirtschaftlichen korrespondiert

das militärische Motiv: zur besseren Verteidigung gegen Feinde sei es zweckmäßig, »ex pluribus communitatibus pollitícis constituere communitatem unam regni« (wobei mit den »politischen« Gemeinschaften augenscheinlich gemäß der griechischen Wortbedeutung die »städtischen« gemeint sind). Der zweite Teil des Dritten Buches, der den eigentlichen Fürstenspiegel enthält, gebraucht durchgängig die Formel »regimen civitatis et regni«.

Noch mag bei dieser Gelegenheit angeführt sein, daß Egidius Romanus entschieden für die erbliche Monarchie eintritt; ein Kapitel legt dar, »quod melius est regimen regni ire per hereditatem et successionem filiorum quam per electionem aliquam«. Es ist dieses Votum, welchem Marsilius in ausführlicher dialektischer Abwägung seine Argumente zugunsten des Wahlkönigtums entgegenhält.

Das Buch des Egidius – er wurde früher vielfach mit dem Familiennamen Colonna bezeichnet – ist in die Jahre 1277-1279 zu datieren. Ich zitiere nach einem schönen Druck von 1490.

26 *Bedeutungen von »regnum«*

Wie schon erwähnt, handelt das zweite Kapitel, welchem das obige Zitat entstammt, von den verschiedenen Bedeutungen des Wortes »regnum«. Die erste Bedeutung wird zunächst auf dieselbe Weise gekennzeichnet, wie wir es in der vorigen Anmerkung von Egidius kennengelernt haben: »eine Mehrzahl von Städten oder Ländern (provinciae), die unter einer einzigen Regierung zusammengefaßt sind«. Aber danach folgt der Satz, der hier das Hauptinteresse finden muß: »Gemäß dieser Auffassung unterscheidet sich das ›regnum‹ von der ›civitas‹ nicht nach der Art der Verfassung, sondern vielmehr nach dem Umfang« – »sed magis secundum quantitatem«. Die Übersetzung von Kusch und Kunzmann gibt »policia« mit »Staatsform« wieder, das ist ein wenig irritierend, weil wir im Deutschen als Staatsformen namentlich Monarchie und Republik im Sinn haben, was hier ja gerade nicht gemeint sein kann. »policia« stammt aus dem lateinischen Aristoteles und ist unmittelbar, als ein Gräzismus, nach »politeia« gebildet, folgt diesem Ursprungswort auch, gemäß dem aristotelischen Gebrauch, in Bezug auf die Mehrheit der weiteren und engeren, kategorialen und spezifischen Bedeutungen: sie lassen sich insgesamt am ehesten in dem deutschen Wort »Verfassung« wiederfinden. (Kunzmann-Kusch geben selbst in ihrem Register, Bd. II, S. 1148, diese Möglichkeit an.) Die zweite Bedeutung von »regnum« entspricht derjenigen, die wir mit dem Wort »Königtum« – als einer »monarchia temperata« – verbinden, die dritte, sagt Marsilius, setze sich aus der ersten und zweiten zusammen, wäre also recht treffend mit »Königreich« wiederzugeben. Endlich will er noch eine vierte Bedeutung erkennen, welche »commune quiddam ad omnem regiminis temperati speciem« bezeichne, also etwas, das allgemein von allen Arten gemäßigter Regierung gelte, ob in einer einzigen Stadt oder in einem Komplex von mehreren. (Merkwürdig bleibt dabei, daß das Aggregat »regnum« immer wieder als ein solches von mehreren »civitates« bestimmt wird, daß andere Arten von Komponenten in diesem – relativ abstrakten – Zusammenhang gar nicht genannt werden: daran kann man den Italiener erkennen.) Und in dieser Bedeutung, die freilich nicht näher spezifiziert ist, wolle er, Marsilius, das Wort künftig gebrauchen. Man wird – nach »Reich«, »Königtum« und »Königreich« – diesen allgemeinsten Begriff wohl mit »Staat« wiedergeben dürfen und dabei nicht weiter sich von der authentischen Meinung entfernen, als es bei solcher sprachlich-historischen Distanz unvermeidlich ist. Vermutlich leiten von dieser seiner eigenen Absicht Kusch und Kunzmann die Berechtigung her, »regnum« – auch in der bewußten Formel – mit »Staat« zu übersetzen: »civitas aut regnum« würde dann fast zum ἓν διὰ δυοῖν, das »regnum« würde auf »moderne« Weise dasselbe sagen wie das »antike«, nämlich aristotelische Wort »civitas«. Doch geht diese terminologische Rechnung nicht ganz auf, sie mag für die alternativen Wendungen (mit »aut«, »vel« oder »sive«) allenfalls eher zutreffen als für die additiven (mit »et«) und auch die pluralischen, kann aber insgesamt die Tatsache des kombinatorischen Ausdruckes mit Hilfe zweier – und so verschiedener – Wörter nicht vergessen machen: »regnum« führt den Sinn von »Reich« ganz ebenso unverwischbar mit wie »civitas« den von »Stadt«. Riskierte man einige Umständlichkeit, so ließe sich der Sinn von »civitas aut regnum« dahin kennzeichnen, er meine die »Staatlichkeit« in zweierlei Gestalt, sowohl in der Stadt als in der des Reichs. (Die Deutung bei Kunzmann-Kusch – im Register S. 1151 – als »Stadtstaat und Territorialstaat« hat die Schwäche, daß von einem »Territorium« beim »regnum« eigentlich nie die Rede ist.) Wäre »regnum« einfach dasselbe wie »civitas«, so wäre das Wort überflüssig; zur abstrakten Konstruktion des Staates genügte die aristotelische »civitas« vollkommen. Die Beifügung von »regnum« – auch und gerade, wenn nichts anderes damit beabsichtigt ist als die »Erweiterung« der »civitas« – ist das entscheidende Mittel der Aktualisierung und so auch der Konkretisierung dieser Staatskonstruktion, ganz in dem Sinn jener Bemerkung von Passerin d'Entrêves, die in der vorletzten Anmerkung zitiert wurde: sie diene dem Marsilius, den aristotelischen Begriff der »polis« zu erweitern zu dem Zweck, »ihn auf die verschiedenen Staatstypen seines Zeitalters anwenden zu können«.

Im übrigen gebraucht Marsilius das Wort in der Folge natürlich in allen den Bedeutungen, die er so sorglich auseinandergelegt hat, ohne jeweils immer anzugeben, ob jetzt die erste oder die vierte »significatio« gemeint ist – um diese beiden dreht es sich vor allem. Und wenn in einem und demselben Zusammenhang »regnum« als »Staat« und »regnum« als »Reich« ihren durchaus sinnvollen Platz finden, so kann es vollends nicht ausbleiben, daß die empirische Realität dem abstrakten Begriff ihre Farbe mitteilt. Dafür bietet das XVII. Kapitel, das von der »Einheit der Regierung« handelt, als Ganzes ein erhellendes Beispiel. Im ersten Satz (112, 26) treffen wir die alternative Formel an, gleich danach (112, 29) das »regnum secundum primam significationem« (diesmal also mit terminologischem Kommentar), und zwar im Sinn eines beliebigen »Reiches«, und im späteren, immer dringlicher auf das politische Ziel hinstrebenden Fortgang des Gedankens schließlich das Reich, auf das es ankommt, »Romanorum regnum« (118, 11).

27 Aus dem Ersten Buch der »Politik« des Aristoteles hat Marsilius zwar die Genese des Staates, aber nichts von der Hausherrschaft, zumal von der Sklaverei, übernommen. Vom Zweiten Buch finden sich einige Kernsätze, vor allem über das Wesen der Gesetze, aber die kritischen Erörterungen über die platonische und andere Verfassungs-Ideen spielen keine Rolle. Das Dritte Buch, welches wohl auch innerhalb der »Politik« als das Kernstück angesehen werden kann, ist von allen am reichlichsten zitiert und auch am treuesten aufgefaßt. Daß nicht alle Entlehnungen oder Paraphrasen ausdrücklich in Zitaten sich aussprechen, ist hier früher an Beispielen aus dem Vierten und Fünften Buch gezeigt worden. Aus dem Vierten und dem Sechsten hat Marsilius die Einteilung der Staatsformen, aus dem Fünften nur Einzelheiten, da ihn von allen Ursachen des Umsturzes und Bürgerkriegs einzig diejenige interessierte, die, wie er (51, 10) mit entschiedenem Geschichtssinn sagt, dem Aristoteles noch nicht bekannt sein konnte, der kirchliche Herrschaftsanspruch. Vom Siebten Buch kehrt die Lehre von den Ständen wieder, doch nichts von den Erörterungen über Erziehung, die auch das letzte der acht Bücher der »Politik« ausfüllen. (In der Zählung der Bücher folge ich der sogenannten älteren Einteilung, wie sie auch dem Marsilius vorlag.)

Was die Bestimmungen des Aristoteles über das Wesen der bürgerlichen Regierung betrifft, so hat Marsilius zwar mit Nachdruck ihre Herkunft aus der Bürgerschaft zum Leitgedanken erhoben, doch mit der Möglichkeit des Wechsels – bald zu regieren, bald sich regieren zu lassen – läßt sich allenfalls ein blasser Schatten im »Defensor« entdekken. Von den Auseinandersetzungen des Aristoteles mit Platon und von seinem eignen fortgeführten Begriff des besten Staates hat Marsilius, soweit ich sehe, keine Notiz genommen. Auch die einläßlichen Erwägungen des Aristoteles, wie die Ansprüche und Möglichkeiten der Reichen und der Armen in einer »gemischten Verfassung« zu versöhnen seien, finden im »Defensor« kein Echo.

Andererseits sind im Rahmen der »allgemeinen Staatslehre« des Marsilius namentlich zwei Elemente anzuführen, die keine direkte Stütze in der »Politik« des Aristoteles finden: die Identifizierung der Bürgerschaft oder des Volkes mit dem »Gesetzgeber« und die Ermöglichung, daß diese selbe Bürgerschaft als Gesetzgeber und daher auch als Wähler von ihrem »gewichtigeren Teil« repräsentiert werde. Selbstverständlich gehören hierher auch die Auseinandersetzung mit den Befürwortern der Erbmonarchie (XVI) und die These von der notwendigen Einheit und Einzigkeit der Regierung (XVII). Von den handgreiflich auf zeitgenössische Verhältnisse zugeschnittenen Argumentationen sehe ich ab.

28 Die Stelle (63, 20) steht im Zusammenhang des fundamentalen XII. Kapitels, »quod est legislatorem inquirere«, und wird ganz ausdrücklich auf das Dritte Buch der »Politik« zurückgeführt, von welchem sogar drei verschiedene Kapitel als autoritative Belege genannt werden. Der erste meint offenbar die elementare Feststellung des Aristoteles in III, 1 (1275a 25 ff.), daß man die »politische« Qualifikation als Bürger nicht auf diejenigen beschränken dürfe, die an den Staatsämtern, daß man vielmehr auch die Vielen einbeziehen müsse, die an der Volksversammlung und am Gericht als an unbefristeten »Ämtern« teilnähmen. »Sit itaque... indeterminatus principatus« heißt es bei Wilhelm von Moerbeke (Susemihl 153): es ist dies also eine unbefristete Regierungstätigkeit. Und weiter: »Ponimus itaque cives eos, qui sic participant«, nämlich eben die, die »bloß« an den Versammlungen teilnehmen, ohne eigentliche Führungsfunktionen auszuüben. Die Tendenz des Aristoteles geht also dahin, einer aristokratischen Privilegierung begrifflich entgegenzuwirken, die bürgerliche Gleichheit festzuhalten unerachtet der gesellschaftlichen Ungleichheit und auch der unterschiedlichen »politischen« Mitwirkung. Marsilius gibt das Kriterium der Partizipation als solches und auch ihre zwei Arten – die Ämter als »principatus«, die Versammlungen als »consiliativum« und »iudicativum« — zuverlässig wieder. Die Verteilung der politischen Tätigkeiten »secundum gradum suum« bildet mindestens textlich eine Zutat. Aristoteles kennt in den hier einschlägigen Zusammenhängen nur den elementaren Gegensatz der Wenigen und der Vielen, der Reichen und der Armen, derjenigen, die Muße haben (»vacantes« in der lateinischen Version), und derjenigen, die ihrem Erwerb nachgehen müssen, oder der »Löwen« und der »Hasen«, wie es mit Anspielung auf eine Fabel auch heißt; ein beträchtlicher Teil seiner konstruktiven Erwägungen dient der politischen Versöhnung dieses gesellschaftlichen Gegensatzes. (In meinen »Drei Wurzeln der Politik«, Frankfurt 1978, Bd. I, Teil II, ist das einläßlich untersucht). Das Wort »gradus« führt ein Element von Ordnung und Aufbau mit sich, das dem griechischen Denker fremd ist. Es ist das Wort, mit dem Thomas von Aquin den »Stand« bezeichnet. (Bei Wilhelm von Moerbeke kommt es, soviel ich sehe, nicht vor.) Kurz, Aristoteles setzt eine gespaltene Gesellschaft voraus, Marsilius denkt an eine gestufte.

29 Eingeführt werden diese Bezeichnungen im fünften Kapitel, wo die

sechs »Bestandteile oder Berufe« (partes seu officia civitatis) – gemäß der Aufstellung des Aristoteles im Siebten Buch der »Politik« – in zwei Schichten eingeordnet sind. Priester, Krieger und Richter bilden die höhere, von ihnen heißt es, daß man sie »in communitatibus civilibus honorabilitatem« zu nennen pflege. Von den übrigen, den Bauern, Handwerkern und Geldleuten, gilt, daß »horum multitudo vulgaris« geheißen werde (20, 18-21). Die deutsche Übersetzung macht Schwierigkeiten. Kusch und Kunzmann haben sich mit »Oberschicht« und »Unterschicht« beholfen, Begriffen der modernen empirischen Soziologie, die einen falschen Ton geben. Wörtlich wäre »Ehrbarkeit« für »honorabilitas«, was freilich im Deutschen unverständlich bliebe. Das Englische ist hier der lateinischen Tradition näher, so heißt es in der Übersetzung von Gewirth (II, 15) »the honorable class« (und »the common mass«). Vielleicht könnten wir die »Angesehenen« und die »gemeine Menge« einander gegenüberstellen.
Der Umstand, daß Wilhelm von Moerbeke – wohl schon irrig – mit dem Wort »honorabilitas« das griechische τίμημα wiedergibt, das so viel wie »Schatzung« oder »Vermögens-Einschätzung« bedeutet, hat Marsilius in anderem Zusammenhang zu einer Umdeutung oder Mißlesung des Textes verleitet (73, 9), indem er eben auch diese »honorabilitas« in ihrem gewöhnlichen Sinn als eine Gruppe versteht, die dem »concilium« (der Volksversammlung) und dem »pretorium« (dem Gericht, das er indessen mittelalterlich interpretiert als Gesamtheit der Rechtsbeflissenen – »officiales principanti subservientes«) zur Seite tritt. Bei dieser Gelegenheit gibt er eine charakteristische Definition: »...honorablilitas, id est collegium optimatum« (73, 19).

30 *Was heißt »valencior pars«?*
Ohne Zweifel hat Marsilius den Ausdruck »valencior pars« aus dem lateinischen Aristoteles übernommen. Die wichtigste Stelle, an der Wilhelm von Moerbeke ihn verwendet hat, am Beginn des zwölften Kapitels des Vierten Buches der »Politik«, lautet hier folgendermaßen: »...oportet enim valentiorem esse partem civitatis volentem non volente manere politiam« (Susemihl 425, 3). Zu deutsch: »...es muß immer derjenige Teil des Staates, welcher will, daß die Verfassung bleibe, stärker sein als der, welcher es nicht will.« Das griechische Wort ist κρεῖττον μέρος. Diese Herkunft der Vokabel ist schon von Alan Gewirth (I, 184) klargestellt worden, Mme. Quillet bezieht sich darauf in ihrer Monographie (S. 93). Was man aber bisher nicht bemerkt zu haben scheint, ist der Umstand, daß auch der unmittelbar nachfolgende Satz des Aristoteles im Text des »Defensor« aufersteht, und zwar gerade dort, wo er seinen Begriff der »valencior pars« erläutert:

Aristoteles latinus	*Marsilius*
»Est autem omnis civitas ex quali et quanto. dico autem quale quidem libertatem, divitias, disciplinam, ingenuitatem, quantum autem multitudinis excessum« (425, 5).	»valenciorem inquam partem, considerata quantitate personarum et qualitate in communitate illa super quam lex fertur ...« (63, 22).

Man kann annehmen, daß schon Aristoteles seinen Ausdruck (valentior) mit dieser nachfolgenden Feststellung hat näher bestimmen wollen, allerdings nicht synthetisch wie Marsilius, sondern vielmehr analytisch, und zwar im Sinn einer Alternative: »stärker« könne mehr quantitativ verstanden werden, wenn es sich um eine Demokratie, oder mehr qualitativ, wenn es sich um eine Oligarchie handle. Nach dem Wörterbuch (von Pape-Sengebusch) kann κρεῖσσον oder κρεῖττον sowohl »stärker« und »mächtiger« als auch »tüchtiger« und »besser« bedeuten. Der hervorragende englische Aristoteles-Philologe W. L. Newman hat das κρεῖττον an der fraglichen Stelle nicht näher erläutert, aber dem nachfolgenden Satz, daß »jeder Staat aus Qualität und Quantität« bestehe, die anekdotische Bemerkung beigefügt, in Virginia spreche man noch heute – das ist um 1900 – von »quality folk« (»The Politics of Aristotle«, IV, 222). Bei uns war bis in dieses Jahrhundert die Redewendung von den »besseren Leuten« gebräuchlich.
Es gibt, nimmt man die drei modernen Sprachen zusammen, in welche der »Defensor Pacis« übersetzt worden ist, gegen zwanzig verschiedene Versuche, eine Entsprechung für »valencior« zu finden. (Eine Aufstellung liest man bei Georges de Lagarde, S. 144/5, in der Ausgabe von 1970, eine andere bei Gewirth I, 182/3.) Gewirth hat sich für »weightier« entschieden, wie zuerst Previté-Orton vorgeschlagen hatte; Lagarde möchte »la partie la plus valable« vorziehen. Jeannine Quillet hat den Ausdruck »la partie prépondérante« gewählt, was jenem »weightier« einigermaßen entspricht. Im Deutschen haben wir einen Vorschlag des Philosophen Alois Dempf – »die stärkere Mehrheit« – und die tatsächliche überwiegende Wiedergabe von Kunzmann-Kusch mit »Mehrheit«. Daß dies letztere abwegig ist, zumal anderwärts im »Defensor« auch die Wendung »maior pars« vorkommt, hat der Bearbeiter offenbar selbst empfunden: im Wort- und Sachregister (S. 1147) heißt es »der bedeutsamere Teil«. Das scheint mir treffend. Allenfalls wäre noch zu bedenken, was Kusch an anderen Beispielen in seinen »sprachlichen Vorbemerkungen« erläutert hat, daß nämlich der Komparativ im mittelalterlichen Latein »sehr oft als Ersatz für den Superlativ gebraucht« werde (S. LIV). Das Phänomen ist im übrigen den Philologen seit langem vertraut; ein latinistischer Kollege wies mich vor allem auf die Untersuchung von Eduard Wölff-

lin über »lateinische und romanische Komparation« hin (Erlangen 1879, auch in seinen »Ausgewählten Schriften«, Leipzig 1933), worin zumal die weite Anwendung des Komparativs »bei der Bezeichnung höherer Würden und Stände« erörtert ist. Etwas Ähnliches liegt hier vor. Demgemäß wäre »valencior pars« geradezu der »bedeutsamste« oder »gewichtigste« oder auch, mit einem geläufigeren Wort, einfach »der bedeutendste Teil«.

31 *Reichsversammlungen*
Es scheint hier eine gemein-europäische Tendenz zu walten. Daß die Parlamente Englands sich in der fraglichen Epoche erweitert und befestigt haben, ist weithin bekannt. »Die Ursprünge des Parlaments liegen im 13. und 14. Jahrhundert«, heißt es lapidar in Kurt Kluxens »Geschichte Englands« (Stuttgart 1968, S. 112). Es ist nicht abwegig, einige der bedeutsamsten Tatsachen in Erinnerung zu rufen: die beiden Parlamente des »Regenten« Simon de Montfort von 1264 und 1265, zu welchen zum ersten Mal außer den Magnaten auch Ritter aus den Grafschaften und Bürger aus den Städten geladen waren, die nachmaligen »Commons«; die zunehmend häufige Einberufung solcher Reichsversammlungen, die unter König Edward II. – und das heißt zur Pariser Zeit des Marsilius – offenbar einen Höhepunkt erreicht hat, indem, wie man ausgerechnet hat, zwischen 1307 und 1322 nicht weniger als zweiunddreißig (mehr oder minder allgemeine) Parlamente gehalten wurden; schließlich die Entstehung eines Buches, das man die erste Parlaments-Geschäftsordnung nennen könnte, des »Modus tenendi parliamentum«, den Miss M. V. Clarke (in »Medieval Representation and Consent«) auf Grund scharfsinniger Analyse in die Zeit von 1322/23 datieren konnte.
Wie weit solche Informationen zum Kontinent und nach Paris gelangten, vermag ich nicht zu beurteilen; in jedem Fall soll diese zeitgenössische Entwicklung ins Blickfeld gerückt werden. Näher boten sich der Wahrnehmung des Marsilius die französischen Reichsversammlungen dar, und daß er die politischen Vorgänge des Landes, worin er lebte, des »regnum Franciae«, tatsächlich wahrgenommen hat, bezeugt jene Bemerkung über die Steuervorlage Philipps des Schönen, von der oben im Text und in Anmerkung 23 die Rede war: es handelt sich dabei ja gerade um einen Konflikt des Königs mit seinen Ständen. Eben unter Philippe le Bel hat sich offenbar die französische Reichsversammlung zu der Institution entwickelt, die im präzisen Sinn »Etats-Généraux« genannt wird, indem nämlich hier zuerst auch Städte (der Tiers-Etat) geladen wurden und auf diese Weise ein System von drei »Ordnungen« sich ausbildete. Der König lud oder ließ durch seine Beamten laden »prélas, abbés, prieurs conventuals, barons et autre grans hommes nobles, villes et lieus notables«; so ist der Umkreis der Reichsglieder, die zur Versammlung gebeten wurden, in einem Dokument Philipps

V. vom Jahre 1319 beschrieben. Ich entnehme das Zitat dem instruktiven Buch von Henri Hervieu »Recherches sur les premiers États généraux et les assemblées représentatives pendant la première Moitié du quatorzième siècle«: es stammt aus dem Jahre 1879, scheint aber bis heute als genaue archivalische Studie zu unserer Epoche gültig, auch der jüngste Biograph Philipps des Schönen, Jean Favier, führt es an (Paris 1978, S. 542). Hervieu will der Regierung dieses Königs vier umfassende Versammlungen zuschreiben, sie fallen in die Jahre 1302, 1308, 1313 und 1314 – die letztere ist es, auf die sich die bewußte Anspielung des Marsilius bezieht. Es fand indessen außerdem eine Reihe von »Convocations« statt, die nur Prälaten und Barone betrafen. Bei der Versammlung von Tours im Jahre 1308 andrerseits, die der Unterdrückung des Templer-Ordens galt, waren (nach Hervieu) mehr als 270 Städtevertreter anwesend; ihre Masse sollte beitragen, den geistlichen Widerstand zu überwinden. Auch Philipp V., der Lange, hat reichlich Versammlungen veranstaltet, sie sind belegt aus den Jahren 1317, 1318, 1320 und 1321. Es kann also dem Marsilius an Informationen dieser Art nicht gefehlt haben, um so weniger als die meisten dieser Tagungen nach Paris einberufen waren. Hervieu verzeichnet im Anhang auf sechzig Seiten alle geistlichen Würdenträger und »collegia« (Domkapitel und Klöster), alle Mitglieder des Adels und alle Städte, die nach seiner Kenntnis während dieses halben Jahrhunderts je in Reichsversammlungen irgendeiner Art »konsultiert« wurden; Jean Favier bestätigt (S. 50), daß in einigen Fällen gewiß mehr als tausend Personen teilgenommen haben.
Die deutschen Reichstage der Epoche, in der wir uns umtun, liegen, wie es scheint, ein wenig im Schatten der Forschung. Die große Aktenpublikation der Bayerischen Akademie der Wissenschaften setzt erst mit König Wenzel ein, also mit dem Ende des vierzehnten Jahrhunderts. Einschlägige Urkunden der vorhergehenden hundert Jahre findet man, wenn auch nicht eben reichlich, in den »Monumenta Germaniae« und in den älteren Sammlungen von Böhmer und von Stengel. Die Goldene Bulle (von 1356) ist gewiß Gegenstand mancher Untersuchungen gewesen. Aber über die Reichstage selbst, zumal vor Karl IV., ihre Häufigkeit, ihren Besuch, ihr Verfahren und ihre verfassungsmäßige Bedeutung, haben wir (außer dem älteren Werk von Johann Friedrich Joachim), soviel ich sehe, nur eine einzige konzise Arbeit, sie ist fast hundert Jahre alt: »Der deutsche Reichstag in den Jahren 1273-1378, Ein Beitrag zur deutschen Verfassungsgeschichte« von Hermann Ehrenberg, eingeleitet von W. Arndt als Mitherausgeber der »Historischen Studien«, deren Neuntes Heft die Arbeit bildet, und als Leipziger Professor, aus dessen Seminar sie hervorgegangen ist: Leipzig 1883. Auf diese treffliche Darstellung – von nur 136 Seiten – stütze ich mich in faktischer Hinsicht zu einem guten Teil bei den folgenden Bemerkungen.

Für die etwa hundert Jahre seiner Untersuchungsperiode und also die Regierungszeiten der Könige Rudolf von Habsburg, Adolf von Nassau, Albrecht von Östreich, Heinrich von Luxemburg, des Reichsverwesers Johann Friedrich von Östreich, Ludwigs des Bayern und Karls IV. zählt Ehrenberg insgesamt sechsundfünfzig Versammlungen, von denen allerdings nur neunundzwanzig als förmliche »Reichstage« bezeichnet sind; die übrigen heißen, wie üblich, einfach »Tag«. Die authentischen Namen sind, im Unterschied zu England, im deutschen Fall nicht einheitlich. Ein hergebrachter Ausdruck war »curia regalis«, was also den einberufenden König heraushebt; »curia generalis«, auch »colloquium generale«, auf deutsch »gemeiner Hof«, legt den Ton auf die Allgemeinheit, auf den reichsweiten Umfang. Adolf von Nassau zog den Ausdruck »parlamentum« vor, er findet sich auch später noch. (Die Frage der Nomenklatur ist neuestens erörtert von Ernst Schubert in dem weitgreifenden Werk »König und Reich, Studien zur spätmittelalterlichen deutschen Verfassungsgeschichte«, Göttingen 1979, S. 323 ff.). Bisweilen kann man auch aus der Betonung der »Solemnität« auf den Reichs-Charakter der Veranstaltung schließen. Als König Ludwig bei Antritt seines Romzugs von Trient aus Johann von Böhmen zum Reichsvikar bestellte, trug er ihm auch auf, an seiner Statt zu halten »curias, parlamenta et colloquia more consueto regali indicandi, eisdem presidendi, iudicandi, proscribendi, sententiandi...« (»Nova Alamanniae«, ed. E. E. Stengel, Bd. I, Berlin 1921, Nr. 175), woraus man wohl entnehmen muß, daß zwischen einem »Hof«, einem »Parlament« und einem »Colloquium« Unterschiede (der Teilnehmerschaft, vielleicht der Rechtsgeltung) bestanden, wiewohl alle diese königlichen Veranstaltungen, wie die nachfolgenden Verben erweisen, gerichtsartige Handlungen zum Zweck hatten. Anderwärts habe ich auch die Bezeichnung »congregatio« gefunden, die ja im »Defensor Pacis« verwendet ist: »a. d. 1294 rex Adolfus habita congregatione circa Nurenberg« (Böhmer, »Regesta Imperii«, VI, 2, Nr. 426); Böhmer folgert gerade aus dieser Formel, es handele sich wohl um einen Reichshoftag. Johann Friedrich Joachim nennt in der Vorrede zum zweiten Band seiner »Geschichte der deutschen Reichstäge« (Halle 1762) unter Anführung einer älteren Darstellung neben »curia« ebenfalls »congregatio«, außerdem »concilium imperiale«, »conventus«, »placitum« und »diaeta«; er zog neben den Urkunden auch die Chronisten und sogar die Dichter mit an. Daß die verschiedenen Bezeichnungen in eine logisch unterscheidende Anordnung treten können, zeigt die Formel des englischen Rechtsbuches »Fleta« (die ich in Coke's »Institutes« zitiert fand): »Habet rex curiam suam in concilio suo in parliamentis suis...«; das »Fleta« ist um 1290 niedergeschrieben. Für den Zusammenhang mit der gegenwärtigen Untersuchung, also die »aktuelle« Bedeutung jener »universitas civium« des

Marsilius, können übrigens auch eingeschränktere »Tage«, etwa regionale Zusammenkünfte, durchaus mitbedacht werden. Noch mag erwähnt sein, daß in die 32 Jahre der Regierung Ludwigs (1314-1346) insgesamt fünfzehn mehr oder weniger umfassende »Tage« fallen, den von Trient und den von Rom eingerechnet. Die zeitlichen Abstände sind sehr verschieden. Zwischen einem ersten und einem zweiten Reichstag zu Nürnberg liegen acht Jahre, in den dreißiger und vierziger Jahren ist die zeitliche Folge weit rascher. Von den Hoftagen Ludwigs insgesamt behauptet Schubert (»König und Reich«, S. 328) sogar, sie hätten »in der Regel« ein- bis zweimal jährlich stattgefunden.

Die zwei ersten Reichstage und der Frankfurter Tag, der mit der sogenannten Appellation von Sachsenhausen verknüpft ist, können sehr wohl die Aufmerksamkeit des Marsilius erregt haben; die »Appellation« hat den Nachweis der Rechtmäßigkeit und Vollgültigkeit von Ludwigs Wahl und den ausführlichen Protest gegen die päpstliche Aberkennung zum Inhalt; sie erging am 22. Mai 1324; gerade einen Monat später vollendete Marsilius den »Defensor Pacis«, der eben dieses Thema der Legitimität des Königtums und Kaisertums behandelt.

Die bedeutendsten Teilnehmer der Reichstage waren von langer Hand gewiß die Fürsten, principes, wozu auch die Erzbischöfe, Bischöfe und Reichsäbte rechneten. Man muß sich vor Augen halten, daß diese Klasse bei gutem Besuch schon recht zahlreich war. Beim Reichstag von Erfurt, den König Rudolf zu Weihnachten 1289 hielt, waren nach meiner Zählung (gemäß der Anwesenheitsliste, die Böhmer in »Regesta Imperii«, VI, 1, Nr. 2264, S. 492 aufgestellt hat) immerhin fünfunddreißig »Fürsten« gegenwärtig. Sie sind es zunächst, die herkömmlicherweise als »membra regni«, Glieder des Reichs, im strengen Sinn gelten, Ehrenberg nimmt an, daß zur Zeit Adolfs und Ludwigs der König die Fürsten sämtlich einzuladen gehalten war, während er bei den anderen Ständen nach Gutdünken eine Auswahl habe treffen können (S. 8). Diese andern sind die Grafen und Herren, Edlen und Ritter, die zuweilen außerordentlich zahlreich erschienen; wieweit sie auch Stimmrecht hatten, scheint nicht ganz deutlich, war jedenfalls unterschiedlich. Endlich ist bezeugt, daß auch im deutschen Fall schon Mitte des dreizehnten Jahrhunderts Städte zugezogen worden sind, in der Folge wohl nur gelegentlich, doch gerade unter Ludwig dem Bayern regelmäßig. Das gilt für die Freien und die Reichsstädte. Ehrenberg hat die Namen von insgesamt 47 Städten gefunden, die von diesem König irgendwann geladen worden seien.

Hochbedeutsam für unseren Zusammenhang ist die Frage der Kompetenz. Hinsichtlich der Hoftage allgemein urteilt der Verfassungshistoriker Schubert, es sei »nahezu jeder bedeutendere Herrschaftsakt... an die Rechtsform der curia gebunden« gewesen (S. 85). Dahin gehören die Belehnungen und die Erteilung von Privilegien, nicht minder aber die förmlichen Gerichts-Entscheidungen und vor allem die »Weistümer«, das heißt die Gesetzgebung: »Die Hoftage der ersten Hälfte des 14. Jahrhunderts sind durch die Verbindung mit Hofgericht und Reichsweistum charakterisiert« (Schubert, S. 326). Ehrenberg deutet ein Gesetz vom Jahre 1342 – beschlossen bei einem Frankfurter Reichstag König Ludwigs – dahin, es spreche »dem Reichstag die ganze Gesetzgebung« zu, und er nimmt auf Grund allgemeiner Erwägungen an, »daß es mit seiner Kompetenzerklärung auf bereits vorhandenem, gewohnheitlichem Rechte beruht, daß es somit für die Zeit bis zu seinem Erlaß eine gewisse Richtschnur giebt« (»Der deutsche Reichstag«, S. 64). Die bedeutendsten Beispiele bilden Ludwigs Königswahlgesetz, das der Frankfurter Reichstag von 1338, und die Goldene Bulle Karls IV., die die Reichstage von 1355, zu Nürnberg, und 1356, zu Metz, verabschiedet haben. Zuweilen möchte man meinen, einige Lehren des »Defensor Pacis« hätten, nach der Sache wie nach der Verfahrensweise, in diesen »verfassungspolitischen« Gesetzgebungsakten tatsächlich rechtliche Geltung gewonnen. In jedem Fall läßt sich in den Parlamenten der Epoche die »universitas civium« in ihrer Hauptbestimmung als »legislator humanus« durchaus wiedererkennen.

Im übrigen hat Marsilius im »Defensor Pacis« die Veranstaltung von Reichstagen oder Reichsversammlungen ganz handgreiflich beschrieben. Die aristotelisierende Verkleidung ist so durchsichtig, daß die zeitgeschichtliche Erfahrung deutlich hervorscheint. Das ist im XVII. Kapitel des Ersten Teils, worin die mit Recht so berühmte These von der notwendigen Einheit und Einzigkeit der Regierung aufgestellt ist: »De numerali unitate supremi principatus civitatis aut regni, et ipsius necessitate...« – es ist jene Kapitelüberschrift, die gleich dreimal die alternative Formel »civitas aut regnum« enthält. Eines der Argumente, die für diese Notwendigkeit angeführt werden, betrifft die Versammlungen; gäbe es zwei Regierungen, deren jede womöglich auf dieselbe Zeit an verschiedene Orte eine solche Zusammenkunft einberiefen, so könnten die Geladenen nicht beiden folgen, Kampf und Spaltung würden die Folge sein. »Cum enim principantes precipere debeant civium precipue vacancium congregacionem, propter communia conferencia inquirenda et determinanda vel propter incommoda et emergencia pericula declinanda...« (115, 20). Hier kann nichts anderes als die Reichsversammlung gemeint sein, in einer Stadt kämen kaum zwei verschiedene Orte für derart konkurrierende Regierungen in Betracht, welche »cives vel subditi« – Bürger oder Untertanen – »ad mandatum locum et horam« lüden.

32 »Plus vraisemblablement«, schreibt Mme. Quillet, indem sie sich mit der »italienischen« Interpretation des »Defensor« auseinandersetzt, »la partie prépondérante à laquelle pense dans ce contexte précis Mar-

sile n'est-elle pas tous les princes et feudataires impériaux, c'est-à-dire, en fait, les ›notabiles‹ des Etats de l'Empire, et particulièrement les sept électeurs?« (»La philosophie politique de Marsile de Padoue«, S. 95/96). In einigen Passagen ihrer Untersuchung freilich scheint die Autorin einen Kompromiß anzustreben, indem sie die marsilischen Begriffe auf »zwei Ebenen« der Commune und des Reichs, zu übertragen versucht oder solche Übertragung wenigstens jeweils ausprobiert. Auch eröffnet sie ihr Buch mit einem ersten Teil – »L'Environnement historique et social« –, der zur guten Hälfte von der paduanischen Stadtverfassung und ihrem Wandel in der fraglichen Zeit handelt. Ich kann mich des Eindrucks nicht ganz erwehren, daß Mme. Quillet erst im Laufe der Arbeit an ihrem Gegenstand und an ihrem Buch von der »civitas« zum »regnum« übergegangen sei, ohne doch die Spuren der verschiedenen Stadien ihrer Interpretation zu tilgen.

33 *Reichsglieder und Versammlungsteilnehmer*
Einige Beispiele mögen den Wortgebrauch des Marsilius belegen, wann immer er – modern gesprochen – die »Bevölkerung« des Reiches oder eines Reiches seiner Gegenwart zu bezeichnen hat. Durch den Anspruch des »römischen Bischofs«, heißt es im XXVI. Kapitel des II. Teils, erst mit seiner Bestätigung dem König und Kaiser rechtmäßige Autorität zu verleihen, ergebe sich ein unerträglicher Schade für »cunctos principes, communitates et singulos Romano subiectos imperio«, also »sämtliche Fürsten, Gemeinden und einzelnen Untertanen des römischen Reiches« (492, 19). Anderwärts ist diese dreigliedrige Beschreibung um ein viertes Element bereichert, die »collegia« (so 134, 22, 140, 8 und 141, 7). Der Zusammenhang läßt erkennen, daß dieser Ausdruck die geistlichen Kollegien, sicher die Domkapitel, wohl auch die Klöster, umfassen soll.
Die am weitesten reichende derartige Reihung begegnet, wie auch einige der zuvor angeführten, im Zusammenhang der polemischen Zitierung des päpstlichen Herrschaftsanspruchs: Wie Christus die Fülle der Gewalt und der Gerichtsbarkeit habe »supra reges omnes, principes, communitates, collegia et singulares personas«, so behaupteten es auch diejenigen von sich, die seine und des seligen Petrus Statthalter sich nennten (132, 14). Ob aber in positiver oder in kritischer Absicht, die tatsächliche »universitas« des Reiches wird niemals anders als durch die Aufzählung seiner typischen Bestandteile – oder doch einiger davon – gekennzeichnet. Vor allem gelten ihm augenscheinlich – außer dem Kaiser und König selber – die Fürsten und die Städte als repräsentativ. Der Ausdruck »communitates« (anstatt »civitates«) scheint ihm als ein übergeordnetes Genus zu dienen, worunter die verschiedenen Arten von Städten insgesamt begriffen sein sollen, die man aus den Urkunden kennt – die »civitates«, »oppida« und »castra« etwa. (Diese umgreifende Bedeutung ist im »Mittellateinischen Wörterbuch«,

München 1973, Sp. 1012, gut belegt, am deutlichsten in der Z. 50 zitierten Wendung »salvis iuribus... civitatum, municipiorum seu aliarum communitatum«). Was schließlich die »singulares personae« angeht, die in diesen Formeln zwar stets am Ende, aber doch neben oder hinter den Kollektivitäten – und die »principes« meinen auch ihrerseits nicht bloß die fürstlichen Personen, sondern zugleich ganze Herrschaften, »principatus« – immerhin überhaupt auftreten, so sind es wohl die Untertanen jener Fürsten und die Angehörigen jener Gemeinden, die jeweils mitbedacht und mitgenannt werden, zumal sie allesamt auch »subditi« oder »subiecti« des römischen Königs und Kaisers sind.

Andere Komponenten des Reichs kommen kaum vor. Einmal findet man vergleichsweise die Grafen, »comites«, erwähnt (346, 21). Eine bedeutende Rolle hingegen spielen unter den »principes« die Kurfürsten als die legitimen Königswähler. Sie sind genau beschrieben in Teil II, Kapitel XXVI, § 9: »...tres solempnos archiepiscopos christianos... et rursum... quatuor fideles principes seculares«. Ihre Funktion ist schon im Ersten Teil erläutert – im Zusammenhang der sonst eher abstrakt angelegten Abwägung zwischen Erb- und Wahlmonarchie. Daß bei diesem dialektischen Arrangement, bei der Vorführung von Gründen gegen die Wahlmonarchie mit den »electores« tatsächlich die Kurfürsten gemeint sind, erhellt sogleich bei dem zweiten Argument: Bedenklich sei es, wenn die Wähler, habe man sie denn gefunden, miteinander in Streit gerieten, sie könnten womöglich »in sedicionem universam deducere policiam« – das gesamte Gemeinwesen in Zwietracht stürzen –, »quemadmodum monstrat experiencia in eleccione nova principis Romanorum« – wie die Erfahrung bei der jüngsten Wahl des römischen Königs zeige. Das ist eine unmittelbare zeitgeschichtliche Anspielung, nämlich auf die Doppelwahl von 1314 und den Kampf der beiden Könige, der mit Ludwigs Sieg 1322, bei Mühldorf, entschieden wurde. Dieses Ereignis lag noch keine zwei Jahre zurück, als Marsilius sein Buch abschloß; es ist sehr möglich, daß der Streit noch andauerte, als er ebendieses Kapitel des Ersten Teils niederschrieb (97, 17-20; auch 106, 27).

Zum Vergleich und zum besseren Verständnis der generalisierenden und verknappenden Formeln des Marsilius will ich die Enumeration der Arten von Reichsgliedern anführen, wie sie bei königlichen Ladungen zu einem Reichstag in der fraglichen Zeit üblich war. Dergleichen Ladungsbriefe sind übrigens – im Unterschied zu den englischen »writs of summons« – nur in geringer Zahl veröffentlicht. Derjenige, den König Ludwig im Juli 1338 an die Stadt Lübeck sandte, teilt im ersten Satz mit, er habe angeordnet, die »principes ecclesiasticos et seculares necnon comites, barones, civitates et communitates, fideles imperii« zusammenzurufen (Zeumer, »Quellensammlung zur Geschichte der deutschen Reichsverfassung in Mittelalter und Neuzeit«, 2. Aufl., Tübingen 1913, Nr. 140, S. 181).

Es gibt indessen noch eingehendere spezifizierende Beschreibungen der Komposition des Reiches, wovon ja solche Reichstagsformeln nur einen Extrakt geben. Eine besonders ausführliche findet sich in einer diplomatischen Urkunde vom Jahre 1333. Ihr Verfasser ist nicht der König, vielmehr der Pfalzgraf, der sich als Gegenkönig empfahl und für den Fall seiner Wahl dem König von Frankreich gewisse Versprechungen machte. In diesem Zusammenhang erklärt er, alle Reichsuntertanen im selben Sinne verpflichten zu wollen. Es folgt deren Aufzählung (im Dativ): »...omnibus et singulis archiepiscopis, episcopis, abbatibus, prepositis, prelatis seu ecclesiarum rectoribus, secularibus vel regularibus, atque collegiis ecclesiarum regularium vel secularium, quocunque nomine censeantur, necnon principibus, ducibus, comitibus, baronibus, militibus, nobilibus et non nobilibus, civitatibus, castris, burgis, villis, comitatibus, universitatibus et eorum rectoribus et singularibus personis prenominatis et prenominatorum locorum, districtuum, territoriorum..., quocunque nomine censeantur et cuiuscunque preminentie, status, dignitatis, conditionis existant, fidelibus, vassallis, feodalibus vel aliis quomodolibet astrictis, subiectis vel submissis, obligatis seu confederatis vel colligatis regno vel imperio Romanorum...« (J. F. Böhmer, »Acta imperii selecta«, Neudruck der Ausgabe von 1870, Aalen 1967, Nr. 1033, S. 726/7).

Man erkennt auch in dieser üppigen Reihung die Gepflogenheit, neben den »Gesamtheiten« zusätzlich die »singulares personas« aufzuführen, die jeweils darin begriffen sind. Die konstituierenden Typen, die hier im einzelnen genannt werden, kehren in den weiten Begriffen des Marsilius nur zu einem Teil wieder. Zur Kategorie der »principes« rechnen die Erzbischöfe und Bischöfe, auch die Reichs-Äbte auf der geistlichen, die Fürsten und Herzöge, vielleicht auch die Grafen auf der weltlichen Seite. Die vier Arten von Gemeinden fallen in die Kategorie der »communitates«. Die kirchlichen »collegia« sind ausdrücklich genannt. Verwunderlich bleibt, daß in den Formeln des Marsilius die verschiedenen Gruppen des Adels keine Stelle finden. In jedem Fall müssen wir in der auf solche Art beschriebenen »universitas regni« die konkretisierte und aktualisierte »universitas civium« der marsilischen Verfassungslehre erkennen. Nur muß sie noch um ein Glied ergänzt werden: den König.

Denn Marsilius seinerseits hat keinen Zweifel daran gelassen, daß der Monarch, der Regierende, der König als ein Bürger unter Bürgern anzusehen sei. Im abstrakten Zusammenhang der »Staatslehre« ist das deutlich zu entnehmen aus dem XVI. Kapitel des Ersten Teils (zum Beispiel 96, 7 und 100, 6 und 109, 13 und 17). Dringlich und praktisch geht dieselbe Auffassung hervor aus dem Appell des letzten Kapitels des Dritten Teils, was nämlich »tam principans quam subiectum« aus diesem seinem Buch lernen sollen: »Primus namque civis vel civilis regiminis pars, principans scilicet« soll die Wahrheiten begreifen, die darin ausgesprochen sind, und demgemäß handeln und sich verhalten (612, 10). Das ist nicht an einen abstrakten Monarchen und nicht an einen Idealtyp gerichtet, vielmehr ersichtlich an einen lebendigen Zeitgenossen: der König ist der »erste Bürger«, daher ohne Frage auch ein Glied oder Mitglied der »universitas civium« des Reiches.

34 *Konzil*

Vom Konzil handelt namentlich das XX. Kapitel des Zweiten Teils. Das Konzil ist es – nach Marsilius –, welches allein befugt sein soll, Entscheidungen in Zweifelsfragen der Schriftauslegung und der Lehre zu treffen, das Konzil und nicht der Papst. Marsilius erweist sich hier als dezidierter Konziliarist. Wörtlich heißt es, diese Befugnis sei Sache »solius... generalis concilii Christianorum aut valencioris partis ipsorum vel eorum, quibus ab universitate fidelium Christianorum auctoritas hec concessa fuerit« (93, 15 ff.). Wie man sieht, geht die Symmetrie so weit, daß auch hier, auf der geistlichen Seite, eine »valencior pars« auftritt, welche die Gesamtheit der Gläubigen »repräsentieren« soll (393, 26). Der Verfasser des »Defensor« hat diese Symmetrie selber ausdrücklich kenntlich gemacht mit dem Hinweis, man brauche in seiner Darlegung über den »legislator humanus« – der auch »fidelis« ist –, wie er in I, 12 ihn erklärt habe, den Ausdruck »Gesetz« nur durch die geistlichen Aufgaben zu ersetzen (395, 15). Die Bestellung freilich geschieht hier durchweg durch Wahl. Alle Länder oder bedeutenden Gemeinschaften (»communitates notabiles«) der Welt sollen geeignete Männer zum Konzil wählen, sowohl Priester als auch Laien, und zwar »secundum... proporcionem in quantitate ac qualitate personarum« (393, 21), nach dem Verhältnis, heißt das, der »Bevölkerungen« in ihrer jeweiligen Menge und ihrer jeweiligen Bedeutung. (Es ist dieselbe aristotelische Wendung, mit der auch im Ersten Teil, wie in der folgenden Anmerkung noch näher zu erläutern sein wird, der Begriff der »valencior pars« bestimmt ist.) Es wäre indessen irrig, aus dieser Vorschrift etwa auf eine demokratisch-egalitäre Vorstellung von der Zusammensetzung des Konzils zu schließen. Dessen Mitglieder sollen vielmehr schon von Haus aus eine Auslese der »im Leben erprobtesten und im göttlichen Gesetz erfahrensten Männer« (393, 23) darstellen, denn »zwecklos und schädlich wäre es, wenn zu dieser Versammlung (»congregacio«) die unerfahrene Masse der Gläubigen zusammenkäme, schädlich auch deswegen, weil sie ja von ihren für das Wirtschaftsleben (»ad vite corporalis sustentacionem«) notwendigen Arbeiten abgelenkt würde« (394, 5). Darin steckt wiederum die aristotelische »Soziologie« mit ihrer Trennung der »Muße-Habenden« (im lateinischen Text »vacantes«) von denen, die ihrer Erwerbsarbeit nachgehen müssen und sollen. Es ist bemerkenswert, daß diese Figuration hier auftaucht, der Satz liefert ein handgreifliches Exempel für die unmittelbare Anwendung von Lehren der »Politik« auf aktuelle Erscheinungen. Auch das Allgemeine Konzil der Christen ist konzipiert als eine »ekklesia« oder »congregacio« von »abkömmlichen«, durch Bildung und Lebensführung hervorragenden »Bürgern«. Überdies aber soll, wie es (nach 393, 16) scheint, auch aus dieser Zahl der gewählten Repräsentanten der Gesamtheit der Gläubigen noch einmal eine »valencior pars« hervorragen, welcher die Autorität zukomme, jene Entscheidungen zu treffen. – Das Recht zur Einberufung eines Allgemeinen Konzils liegt gemäß der Verfassungslehre des Marsilius natürlich beim König und Kaiser.

35 *Wer ist »valencior pars«?*
»... valenciorem inquam partem, considerata quantitate personarum et qualitate in communitate illa super quam lex fertur« (63, 23-25): die begriffliche Erläuterung folgt unmittelbar auf jene fundamentale Definition des »legislator«, die oben im Vortragstext zitiert ist; die sprachlichen Aspekte sind in Anmerkung 30 behandelt. Die Wörter »et qualitate« fehlen in zwei Handschriften und vor allem in der alten gedruckten Ausgabe von 1522 und so auch der des Melchior Goldast von 1614; erst Previté-Orton und Scholz haben diese verhängnisvolle Lücke entdeckt und in ihren Editionen ausgefüllt.
Die Kusch-Kunzmannsche Übersetzung führt, wie früher schon bemerkt, in diesem Punkt in die Irre: »valencior pars« ist als »Mehrheit« wiedergegeben, und die Beifügung, um die es geht, lautet dort im Deutschen: »... unter Berücksichtigung der Zahl und der Bedeutung der Personen«. Ähnlich Alan Gewirth (II, 45): »By the ›weightier part‹ I mean to take into consideration the quantity and the quality of the persons in that community over which the law is made.« Die englische Version scheint die lokale Bestimmung »in communitate illa« auf die »Personen« zurückzubeziehen, die deutsche macht aus der Passage »considerata quantitate personarum et qualitate« eine Einschaltung, setzt sie in Gedankenstriche und bindet also die nachfolgende »communitas« an die »valencior pars« – »die Mehrheit, sage ich ... in jener Gemeinschaft, für die das Gesetz gegeben wird.« Beide stimmen aber darin überein, daß »qualitate« genau wie das voraufgehende »quantitate« nur gerade von den »Personen« als solchen ausgesagt wird. Es wäre indessen, geht man genau wörtlich zu Werke, auch eine etwas andere Übersetzung möglich: »... ich sage, der gewichtigere Teil, unter Berücksichtigung der Menge der Personen und der Bedeutung innerhalb der betreffenden Gemeinschaft, für die das Gesetz gegeben wird ...« Der Satz gewönne derart einen leicht veränderten Sinn: das Gewicht des »gewichtigeren« – oder wichtigsten – Teils bestimme sich sowohl nach der Menge der Personen als auch nach der Bedeutung,

die ihnen im Gemeinwesen zukommt, das hieße, nach ihrem Rang und Ansehen innerhalb von »civitas vel regnum«. Eine ähnliche Passage findet sich im Zweiten Teil (393, 21), wo es vom allgemeinen Konzil heißt, alle Länder der Welt sollten es beschicken und »secundum ipsarum proporcionem in quantitate ac qualitate personarum« gläubige Männer von gehöriger Eignung, von erprobter Lebensführung und hoher Erfahrung im göttlichen Gesetz wählen. Hier ist auch die »qualitas« zwar an die Personen gebunden, aber zugleich ist deutlich, daß es sich bei Quantität wie Qualität um Kriterien handelt, die bei der Bestimmung der proportionalen »Vertretung« der jeweiligen »provincia« und »communitas« maßgebend sein sollen, also um gesellschaftliche Sachverhalte. Die individuellen Eigenschaften kommen ja ausdrücklich hernach zur Sprache, sind von jener »qualitas« offenkundig zu unterscheiden.

Damit käme gut überein, was Marsilius im Ersten Teil wenig später noch zur Erläuterung hinzufügt: »Valenciorem vero civium partem oportet attendere secundum policiarum consuetudinem honestam, vel hanc determinare secundum sentenciam Aristotelis 6° Politice, capitulo 2°« (65, 1). Die »ehrenwerte Gewohnheit« der Staaten, das ist offenbar ihre jeweilige Tradition, die herkömmlich geltende Einschätzung dessen, was »valencior« sei; hier wird einfach auf die Empirie der gesellschaftlichen Überzeugungen verwiesen. Das Kapitel der »Politik« andererseits, das außerdem noch herangezogen wird – es sind nach der modernen Einteilung sogar zwei Kapitel, das dritte und vierte des Sechsten Buches –, hat es in der Passage, die hier gemeint zu sein scheint, mit der unterschiedlichen Art der Beteiligung von armen und reichen Bürgern am Staat zu tun und entwirft eine Methode, wie man ihren beiderseitigen Ansprüchen an Stimmgewicht gerecht werden könne. Die Sache ist kompliziert, es ist zudem überflüssig, sie jetzt zu referieren, denn die lateinische Version des Wilhelm von Moerbeke gibt ihr ohnehin einen ganz anderen Sinn: bei ihm kommt es so heraus, als solle das Prinzip der Zahl oder der Menge mit dem der Würdigkeit (»honorabilitas«) verknüpft werden. Damit wäre also ganz handgreiflich die »qualitas in communitate« im Sinne des gesellschaftlichen Ranges oder des höheren Standes bekräftigt. (In diesem Punkt der Aristoteles-Verweisung stimme ich Alan Gewirths Darlegung – S. 198 seines ersten Bandes – zu; seine gleichsam radikaldemokratische Umdeutung der »valencior pars« insgesamt scheint mir hingegen abwegig.)

Bleibt die Frage der möglichen aktuellen Anwendung dieser abstrakten Norm auf das »regnum«. Wo hätte man im Reich den »bedeutendsten Teil« zu suchen, der an der Stelle der »Gesamtheit der Bürger« (der Reichsglieder und -untertanen) zu entscheiden imstande sein soll? Es gibt zwei Möglichkeiten, die Vorstellungen des Marsilius nach der Seite der Erfahrung auszulegen. Denkt man an jene enumerativen Be-

schreibungen der Reichs-Gesamtheit, wie sie in Anmerkung 33, zumal an dem Beispiel jener Urkunde des Pfalzgrafen von 1333, erörtert wurde, so legt sich der Schluß nahe, die »valencior pars« dieser »universitas« sei wohl diejenige Auswahl von Würdenträgern und Kollektivitäten, die zum Reichstag geladen werden. Andererseits tritt in dem ganzen »Defensor Pacis« eine wohldefinierte Gruppe von Reichs- und Reichstagsgliedern so stark in Erscheinung, stärker als alle übrigen, den König ausgenommen, daß man im Lesen auch wieder zu der Vermutung geführt wird, diese, die Kurfürsten nämlich, seien es, in welchen sich die »valencior pars« in der zeitgenössischen Realität für Marsilius darstelle. Hinsichtlich der »qualitas« macht keiner der beiden Versuche, das Rätsel des Textes aufzulösen, irgendeine Schwierigkeit, man hat es überall mit hohen Rängen und bedeutenden Größen zu tun. Das Kriterium der »quantitas personarum« hingegen, wenn wir es auf die Menge der jeweiligen Untertanen beziehen – und das scheint im Fall des »regnum« die einzig sinnvolle Deutung –, spricht offenbar etwas mehr zugunsten der ersten Hypothese; die sieben Kurfürstentümer können wohl auf Grund ihrer »Bevölkerungen« nicht ohne weiteres als der »gewichtigere Teil« des Reiches angesehen werden. (Daß Mme. Quillet beide Antworten miteinander zu vereinen sucht, bezeugt das Zitat in meiner Anmerkung 32).
Im Falle der Theorie des Konzils sind, wie in der vorigen Anmerkung schon angedeutet, buchstäblich beide Lesarten im Text gegenwärtig: einerseits erscheint das Konzil insgesamt als »valencior pars« der Gesamtheit der Gläubigen, andererseits wird auch unter den Konzilmitgliedern eine »valencior pars« herausgehoben. Für die erste Ansicht spricht eine Formulierung im XXVIII. Kapitel des Zweiten Teils (556, 10): In gewissen Fragen, heißt es dort, bestehe keine Pflicht, außer bei Zustimmung »fidelium omnium aut valencioris partis in generali concilio«. Die zweite Ansicht ist im Dritten Teil (603, 30) ganz eindeutig ausgedrückt: »...solum generale concilium fidelium aut illius valenciorem multitudinem sive partem determinare debere...« Wobei freilich das Wort »multitudo« überrascht: es scheint den quantitativen Gesichtspunkt ein wenig zu verstärken.
Wenn es erlaubt ist, das symmetrische Verhältnis zwischen der »Gesamtheit der Bürger« und der »Gesamtheit der Gläubigen« auch für die gegenwärtige Frage in Anschlag zu bringen, so müssen wir (mit Jeannine Quillet) schließen, daß auch im Fall des Reiches die »valencior pars« je nach dem Zusammenhang auf beide Arten entschlüsselt und konkretisiert werden kann. Daher ich im Vortragstext die etwas unbestimmte mittlere Formel von den »Fürsten und ihrem Anhang« gewählt habe.

36 *Repräsentation*
Vom »menschlichen Gesetzgeber« heißt es in demselben XII. Kapitel

des Ersten Teils, das zuvor mehrfach angeführt wurde: »Hoc autem est civium universitas aut eius pars valencior que totam universitatem representat« (65, 12). In der vorigen Anmerkung ist danach geforscht worden, wer diese »valencior pars« in der Welt des Reiches allenfalls sein könne, die gemäß der wiederkehrenden Formel anstelle der Gesamtheit handeln könne. Nun erst wird das Verhältnis präzisiert, in welchem »valencior pars« zur »universitas civium« steht: es ist das Verhältnis der »Repräsentation«. Wir haben hier einen frühen Auftritt des Begriffes, der nachmals und bis auf diesen Tag eine so zentrale Rolle in der Verfassungstheorie und Verfassungspolitik gespielt hat. Eine Teil-Körperschaft tritt, nach Marsilius, nicht allein an die Stelle der Gesamtheit, sondern stellt diese Gesamtheit dar, repräsentiert sie. Was nachfolgt und die Gründe zu liefern scheint, ist merkwürdig: es sei schwierig oder unmöglich, »daß alle Personen sich zu einer und derselben Meinung zusammenfinden, weil manche Leute eine verkümmerte Natur (naturam orbatam) haben und aus eigentümlicher Bosheit oder Unwissenheit von der allgemeinen Ansicht (sentencia) abweichen; wegen deren unverständigen Einspruches oder Widerspruchs darf das allgemeine Wohl (communia conferencia) nicht gehindert oder verfehlt werden«. Aus dieser Bemerkung hat Gewirth den Schluß gezogen, es seien offenbar nur pathologische Sonderlinge ausgeschlossen, und die »valencior pars« komme somit auch numerisch der »universitas civium« sehr nahe, daher denn in der Tat – wie es 71, 25 heißt – beide »pro eodem accipienda sunt« (Gewirth I, S. 189). Diese Interpretation nimmt keine Notiz von dem Schlußsatz jener Darlegung des Marsilius: »Pertinet igitur« – nun müßte man ja erwarten: »ad valenciorem partem«, nämlich eben den Leuten mit gesundem Verstand, die die Mehrheit ausmachen, an Stelle der Allgemeinheit zu beraten und zu entscheiden; aber ganz im Gegenteil kehrt er gerade zu dieser alten Formel zurück – »ad universitatem civium aut eius valenciorem partem tantum modo legumlacionis seu institucionis auctoritas« (65, 17). Außerdem bliebe, wenn Gewirth den Passus richtig auffaßte, ganz unbegreiflich, warum der eher anspruchsvolle Begriff der Repräsentation herangezogen werde, eine Differenz zu überbrücken, die ohnedies vernachlässigt werden kann.

Entweder müssen wir uns bescheiden, diese ganze Beweisführung als widersinnig oder doch als unverständlich liegen zu lassen, oder wir helfen uns mit einer Interlinear-Vermutung – in dem Sinn, daß dem Autor eine Vorstellung oder Erfahrung dazwischen geraten sei, die er in seinen abstrakten Kategorien nicht ausdrücken konnte oder mochte. Die Unmöglichkeit, »omnes personas« zu einem Konsens zu bringen, scheint ja die ganze Idee der »universitas civium« in Frage zu stellen – es sei denn, diese »Gesamtheit« wäre von jenem Gewühl »aller Leute« unterschieden etwa in der Art, wie die »volonté générale«

von der »volonté de tous« in Rousseaus »Contrat social« unterschieden ist. (Der Vergleich mutet anachronistisch an, doch könnte es sein, daß Rousseau selber in diesem Punkt einer altertümlichen Idee von »Gemeinwillen« anhinge.) Um es deutlicher zu sagen: Die Darlegung des Marsilius gibt nur dann einen Sinn her, wenn wir annehmen, er habe sich schon bei der »universitas civium« und nicht erst bei der »valencior pars« eine zur Beratung fähige, organisierte oder integrierte Versammlung vorgestellt, eben eine gesetzgebende Versammlung. Denn von »legum humanorum lacio seu institucio« ist ja die Rede. »Omnes personae« lassen sich nicht zu einem Beschluß vereinigen, wohl aber die »universitas civium«, von ihr sind die besten Gesetze zu erwarten: das scheint die Meinung, sie ist nur halb ausgesprochen. Bosheit und Ignoranz sind wie verschwunden, die Orientierung am Gemeinwohl (»commune conferens«) erscheint wie selbstverständlich, und man ist bereit zur Einigung (»sentencia communis«). Jene fühlbar ärgerliche Auslassung über die Störenfriede, die Beschlüsse unmöglich machen, findet in solchem Licht am Ende doch ihren Platz im Gang des Beweises, sie dient in der Tat einer Begründung – aber nicht für die repräsentative Rolle der »valencior pars«, sondern für die »universitas civium« selber, insofern sie nämlich als eine gesetzgebende Versammlung, als eine »parlamentarische« Veranstaltung vorgestellt wird.
Und noch einen weiteren Faktor muß man wohl hinzudenken, wiewohl er hier unerwähnt geblieben ist: daß diese aktualisierte »Gesamtheit der Bürger« der Initiative des weltlichen Oberherrn, des Kaisers und Königs entspringen, unter seinem Vorsitz beraten, ja seiner Führung folgen müsse. Es zeigt sich nämlich im weiteren Gang des Gedankens, daß Bosheit und Unverstand doch auch aus den Organen und Prozeduren des Reiches nicht – oder noch nicht – verschwunden sind. Im XVI. Kapitel, das die große Disputation über Erb- und Wahlmonarchie enthält, kehren genau dieselben »gewissen Leute« mit derselben »malicia« und »ignorancia« wieder, von denen wir hier, im XII., Abschied genommen hatten. Diesmal sind sie ausdrücklich im »imperium Romanorum« am Werke, und zwar, um die Wahl und die Thronerhebung des Herrschers zu hindern (107, 20ff.). Das spielt offenkundig auf die päpstliche Intervention bei der deutschen Königswahl und auf die Rolle an, die einzelne Fürsten dabei spielten. Nur wenn diese »gewissen Leute« ihrer weltlichen Eigenmacht beraubt sein werden – so muß man schließen –, kann auch die wirkliche »universitas civium vel eius valencior pars« ihrem Begriff entsprechen und ihren Sinn erfüllen. Dann wird das Ziel des »Defensor Pacis« erreicht, das Muster der »civitas« in die Erfahrung des »regnum« überführt sein.
Das Repräsentationsverhältnis – um auf den Anlaß der gegenwärtigen Anmerkung zurückzukommen – zwischen »valencior pars« und »universitas civium« wird im XII. Kapitel noch einige Male berührt, jedoch

nicht mehr mit demselben Wort bezeichnet. Vielmehr legt Marsilius bald nach jener ersten Bestimmung terminologisch fest, es solle künftig beides für dasselbe gelten – »quod pro eodem de cetero supponatur« (66, 3). Daß sich also das Ganze in seinem bedeutendsten Teil und durch ihn selber darstelle, dieser Teil daher für das Ganze eintrete, an seiner Statt handele, diese Identifizierung oder Identitätsfiktion kennzeichnet den politischen Repräsentationsbegriff in seiner Frühzeit. »...pro eodem accipienda sunt« heißt es abermals 71, 25. Daß man auch in diesem Punkt eine gewisse Symmetrie mit der geistlichen Versammlung beobachten kann, indem die Mitglieder des allgemeinen Konzils die Gesamtheit der Gläubigen ebenfalls »repräsentieren« (393, 26), ist oben in Anmerkung 34 bereits erwähnt worden.
Die das moderne Verständnis befremdende politisch-juristische Vorstellung, daß – wie auch Jeannine Quillet annimmt – die sieben Kurfürsten, insofern und insoweit sie das empirische Äquivalent der »valencior pars« bilden, auch als »Repräsentanten« der »Bürgerschaft« aufzufassen seien, findet sich ganz drastisch ausgesprochen bei einem andern bedeutenden Autor des vierzehnten Jahrhunderts, nämlich bei Lupold von Bebenburg. In seinem »Tractatus de juribus regni et imperii Romanorum«, der überhaupt von der Repräsentationsidee in den verschiedensten Zusammenhängen einen reichlichen Gebrauch macht, heißt es, daß »gewisse Fürsten« die Aufgabe haben, den König und Kaiser zu wählen, daß sie dies, gemäß der Rechtsüberzeugung, tun aus der Kraft und Vollmacht der Gesamtheit der Fürsten und des Volkes – »...censentur eligere vice et auctoritate universitatis principum et populi...« –, und an früherer Stelle ausdrücklich, daß »principes Electores... populum... repraesentant«. (In dem Heidelberger Druck des Adrian Wyngaerden von 1664 finden sich diese Sätze S. 66 und S. 56.) Man kann in verschiedenen Hinsichten sagen, daß Lupold die Verfassungsgedanken des Marsilius fortführt – er schrieb etwa 1338-1340, also wohl zu dessen Lebzeiten –, nur jetzt, wie der Titel des Werkes anzeigt, ganz deutlich und praktisch auf das Reich angewandt. (Kurz ist der Zusammenhang gestreift bei Otto von Gierke, im dritten Band des »Deutschen Genossenschaftsrechts«, 1881/1954, S. 574.) Eine ähnliche Äußerung zitiert J. Quillet, S. 98, aus dem »Breviloquium« des Wilhelm von Occam. Das Thema insgesamt hat M. V. Clarke behandelt in ihrem Buch »Medieval Representation and Consent, a study of early parliaments in England and Ireland, with special reference to the Modus tenendi Parliamentum«, London 1936, das ich schon früher erwähnt habe; wenn es Marsilius auch mißdeutet, so bleibt es in seinem historischen Rahmen doch ein vortreffliches, ja einzigartiges Werk.

37 A. Passerin d'Entrêves, »The medieval contribution to political thought«, Oxford 1939, S. 57. Eine genauere – und zwar unerschrok-

ken kritische – Analyse der Idee der Volkssouveränität hat Peter Graf Kielmansegg geleistet in seinem Buch »Volkssouveränität, Eine Untersuchung der Bedingungen demokratischer Legitimität«, Stuttgart 1977. Er macht drei Momente kenntlich, welche dieser Idee in ihrer historischen Ausprägung innewohnen: die Autonomie des Menschen, die aller gesellschaftlichen Organisation vorausgehe, die »Souveränität des Kollektivs« als Konsequenz davon und die »prästabilierte Harmonie zwischen dieser Souveränität und dem Zwecke gesellschaftlicher Organisation, nämlich dem Schutz der Menschenrechte« (S. 234). An dem ersten Moment hängen die beiden anderen. Die ursprüngliche Gleichheit, die Passerin d'Entrêves als Konstituens der Volks-Souveränitäts-Doktrin erkannte, ist die Gleichheit der je autonomen Individuen.

Daß Marsilius eine Lehre aufgestellt habe, welche die Doktrin der Volks-Souveränität zum wenigsten vorwegnehme, hat wohl zuerst Otto von Gierke gesagt, der überhaupt die publizistischen Schriften der Epoche weithin nach der Alternative zwischen »Fürstensouveränität« und »Volkssouveränität« anordnet (»Das deutsche Genossenschaftsrecht«, III. Band, 1881/1954, besonders S. 578 ff.; dort findet sich auch die Formel vom »demokratischen Radikalismus« des Marsilius). Obwohl dies, wie zuvor angedeutet, anachronistisch irreführende Termini sind, hat die Rede von der Volks-Souveränität in Gierkes Zusammenhang doch ein anderes Ansehen deswegen, weil niemand so energisch wie er die »universitas« ins Licht gerückt hat, die uns ja auch in Marsilius auf Schritt und Tritt begegnet. »Den publicistischen Lehren des Mittelalters ist die entschiedene Anerkennung eines ursprünglichen und aktiven Rechtes der Gesamtheit in jedem menschlichen Verbande durchweg eigenthümlich« (S. 568). Damit ist das genaue Gegenteil jenes ursprünglichen Rechts des autonomen Individuums beim Namen genannt, welches die vorerwähnten neueren Autoren zur Bedingung der Volks-Souveränitäts-Doktrin machen. Der Jurist Gierke hat diesen Terminus offenbar gerade wegen des »universitas«-Prinzips als besonders passend empfunden – und er hat oder hätte wohl zudem auch das moderne Staatsvolk lieber als eine genossenschaftliche denn als eine menschenrechtliche Größe aufgefaßt.

38 Dieser Hinweis bezieht sich auf die Studie von Michael Wilks, »The problem of sovereignty in the later middle ages«, Cambridge 1963. Zur Hauptsache handelt die Untersuchung jedoch von der »päpstlichen Monarchie« und ihren Ideologen; das Papsttum, heißt es in der Einleitung, sei in erster Linie »für die Entwicklung der mittelalterlichen Theorie der Souveränität verantwortlich« (S. VIII). Die exzeptionelle Stellung des Marsilius ist in anderer Hinsicht von Wilks sehr treffend bezeichnet: »Vielleicht mit der Ausnahme des Marsilius von Padua hat kein Schriftsteller der Zeit, wie man sagen kann, einen un-

vermischten Aristotelismus vertreten und ein durch und durch säkulares Gesellschafts-Ideal aufgestellt« (S. 87). Er geht sogar so weit, im »Defensor« mit seiner unverbundenen Zweiheit von Vernunftwahrheit (im Ersten Teil) und Offenbarungswahrheit (im Zweiten Teil) einen versteckten Atheismus zu wittern (S. 97). Man muß zugeben, daß den Leser des »Defensor« solch ein Eindruck zuweilen beschleichen kann, so unglaublich das auch dem historischen Blick vorkommt. Träfe dies zu, könnte sich auch die Souveränitätsfrage anders anlassen. Richard Scholz hat sich in diesem Punkt etwas zurückhaltender ausgedrückt, er nannte Marsilius' Haltung »im Grunde religiös indifferent« (in dem früher erwähnten Aufsatz in der »Historischen Zeitschrift« von 1937, S. 102).

39 »Die Tatsache der Stände verbietet es, für das Spätmittelalter schon von Souveränität (maiestas) zu sprechen, wie sie Jean Bodin in seinen libri sex de re publica verstand.« Der Satz steht in Karl Bosls Abhandlung »Aus den Anfängen der landständischen Bewegung und Verfassung«, erschienen in »Wirtschaft, Geschichte und Wirtschaftsgeschichte«, Festschrift für Friedrich Lütge, Stuttgart 1966, S. 8.

40 »Es ist wohl eine Renaissance des antiken Staatsgedankens«, schrieb schon der verdiente deutsche Herausgeber des »Defensor«, Richard Scholz, in jener Abhandlung vom Jahre 1937, doch folgt ein Nachsatz: »aber im Gewande des vierzehnten Jahrhunderts« (Historische Zeitschrift, Bd. 156, S. 99). Es ist sonderbar, daß ein Historiker sich so wenig verwundert über das Phänomen dieser Renaissance, einer solchen Einbürgerung des »antiken Staatsgedankens« in die Welt des 14. Jahrhunderts, darüber, daß dieser Autor imstande war, die politischen Kategorien des quasi-kanonischen philosophus in die Erscheinungen seiner Zeit einzutragen, diese Erscheinungen mit ihrer Hilfe umzudeuten und mit dem aristotelischen oder aristotelistischen Besteck in diese Verfassungswelt operativ einzugreifen, um sie zu verändern.

41 Thomas von Aquin, »De regimine principum ad Regem Cypri«, ed. Joseph Mathis, Turin 1924, oder auch in Bd. II der »Opuscula philosophica et theologica«, ed. A. Michaele de Maria SJ, 1886. Der Anteil des Thomas endigt im vierten Kapitel des Zweiten Buches, Ptolemäus von Lucca hat die Schrift erst etwa dreißig Jahre später – und in ganz anderem Geiste – zu Ende geführt. Er hat zwar das »regimen politicum« generell mehr den Städten als den Reichen zugeordnet, aber es ist bemerkenswert, daß er am römisch-deutschen Kaisertum eine »politische« Seite festgestellt und ihm deswegen eine mittlere Position zwischen dem »despoticum« und dem »politicum« eingeräumt hat – wesentlich deswegen, weil die Kaiser gewählt worden seien, die alten römischen vom Heer, die neuen von den Fürsten. Eine genauere Darstellung findet man in meinen »Drei Wurzeln der Politik«, Bd. 1, S. 58-91, und Bd. 2, S. 31-34.

Der Staat des Aristoteles und der unsere

Der Staat des Aristoteles – der Gegenstand seines berühmten Buches »Über die Politik« – ist in einem genauen und entschiedenen Sinne ein humanistischer Staat, und unser eigener heutiger Staat – und ich meine damit den Typus des modernen, »westlichen« Verfassungsstaates überhaupt, wovon die Bundesrepublik Deutschland eine spezielle und spezifische Ausprägung darstellt –, unser eigener heutiger Staat und Staatstypus ist gleichfalls ein humanistischer Staat und Staatstypus. Ja, ich wage diesen Satz. Und ich scheue mich auch nicht, diesen gemeinsamen positiven Wesenszug des aristotelischen Staates, wie wir ihn aus seinem Buche kennenlernen, aus dem größten Buche übrigens, das die abendländische politische Theorie oder politische Wissenschaft überhaupt hervorgebracht hat (trotz Machiavelli, Hobbes, Rousseau, Hegel und Marx... und Lenin... und wen und was man sonst noch in Vergleich setzen will), und des modernen Verfassungsstaates, wie wir ihn aus der reellen teilnehmenden Erfahrung kennen, zum Beispiel aus der Erfahrung mit und in der Bundesrepublik Deutschland, ich scheue mich nicht, diesen gemeinsamen positiven Wesenszug an den Anfang unserer Erörterung zu setzen: Beide sind entschieden humanistische Erscheinungen, der Staat des Aristoteles und auch der unsere. Das heißt nämlich, der eine wie der andere ist darauf angelegt, seinen Bürgern ein menschenwürdiges Leben zu ermöglichen, und der eine wie der andere hat es darauf abgesehen, in dieser Hinsicht das Menschenmögliche zu erreichen, nicht weniger als das Menschenmögliche, aber auch nicht mehr als das Menschenmögliche. Weder der Staat des Aristoteles noch der moderne Verfassungsstaat ist ein Gottesstaat oder ein Götterstaat. Weder der Staat des Aristoteles noch der unsere wird durch göttliche Ermächtigung, »von Gottes Gnaden« geleitet, wie die christliche Formel lautete, die bis in unser Jahrhundert in unserem Lande gegolten hat. Ein Gottesstaat oder Gottesreich wäre kein humanistisches Ziel zu nennen, sondern ein theologisches oder theokratisches oder eschatologisches, jedenfalls ein mehr als menschenmögliches. Weder der Staat des Aristoteles noch der moderne Verfassungsstaat existiert und rechtfertigt sich aus einem göttlichen oder dämonischen oder sonst übermenschlichen Gesetz oder

Gebot, auch nicht aus dem Gesetz oder Gebot, aus dem Zwangsgesetz oder Zwangsgebot oder der Zwangsläufigkeit der Geschichte oder der sogenannten gesellschaftlichen Entwicklung, welches alles neuere Spielarten und Abwandlungen einer übermenschlichen und daher nicht-humanistischen Begründung und Rechtfertigung staatlicher und gesellschaftlicher Ordnung sind. Wie auch die mächtige Erscheinung der gesellschaftlichen und geschichtlichen Ideologie als eine neuere Spielart und Abwandlung von Theologie aufgefaßt werden kann.

Allein diese fundamentale Gemeinsamkeit des aristotelischen Staates und des modernen Verfassungsstaates, nämlich ihr humanistischer Charakter, würde genügen, die Aktualität, den aktuellen Sinn und den aktuellen Nutzen des Studiums der klassischen antiken Autoren der politischen Theorie zu erweisen, zumal des Studiums des Aristoteles und seines Buches über die Politik, das ungefähr zweitausenddreihundert Jahre alt ist. Wenn ich von einer fundamentalen Gemeinsamkeit spreche, so ist das eigentlich noch zu wenig, nämlich zu wenig Ehre für Aristoteles und die politische Theorie des Altertums. Die Wahrheit ist, daß die »Politik« des Aristoteles bei der Entstehung und Ausbildung des modernen Verfassungsstaates tatsächlich eine ganz entscheidende Rolle gespielt hat, daß die Gemeinsamkeit bei näherem Zusehen sich als tiefer historischer Zusammenhang erweist, daß Aristoteles also – mit anderen Worten – geradezu unter die Vorväter und Ahnen des modernen Verfassungsstaates gezählt werden muß, oder daß, umgekehrt betrachtet, unser Staat wirklich und wahrhaftig aus dem aristotelischen Erbe lebt. Ein bedeutender Kenner dieser Sache, der Altphilologe Kurt von Fritz, ist so weit gegangen, daß er das historische Urteil aufgestellt hat, die praktische Wirkung der »Politik« des Aristoteles beginne eigentlich erst mit der Geburt der amerikanischen Verfassung. Und da die amerikanische Verfassung die erste moderne, jedenfalls die erste geschriebene moderne Verfassung ist, so bestätigt die pointierte These von Kurt von Fritz in der Tat jene direkte historische Beziehung, von der ich rede, also – wenn man es so ausdrücken will – die Abhängigkeit des modernen Verfassungsstaates von dem Staate des Aristoteles.

Wie sehr dieses Verhältnis, wie sehr das antike Vorbild im Bewußtsein der Zeitgenossen der amerikanischen Revolution war, erhellt zum Beispiel aus dem erstaunlichen, freilich auch erstaunlich naiven Ausruf von Thomas Paine, des wirkungsmächtigen publizistischen Begleiters und Beförderers der amerikanischen Revolution: »What Athens was in miniature, America will be in magnitude«. Was Athen – das antike Athen, das Athen des Aristoteles – im kleinen war, wird Amerika im Großformat sein. (Aus den »Rights of Man«, 1791) Nämlich, so muß man ergänzen, ein Staat der bürgerlichen Selbstregierung oder – um das ominöse, strapazierte und auch unzutreffende Wort zu nennen – eine »Demokratie«. Die Väter des ersten planmäßig errichteten modernen Verfassungsstaates hatten den Staat des Aristoteles vor Augen, verglichen ihr eigenes Vorhaben mit dem klassischen Muster. Aber natürlich ist dieses Muster nicht erst im Jahre 1787 plötzlich wiederaufgetaucht wie ein Irrlicht. Das will auch Kurt von Fritz nicht sagen mit seiner These, die praktische Wirkung der Politik des Aristoteles beginne erst mit der Verfassung der Vereinigten Staaten von Nordamerika. Diese späte Wirkung, diese Spätfolge hat ihrerseits wiederum eine lange, ziemlich genau ein halbes Jahrtausend lange Vorgeschichte. Denn es war im 13. Jahrhundert, daß die »Politik« des Aristoteles auf wunderlichen Wegen gleichsam nach Europa zurückgekehrt ist, und die Wiederentdeckung und erste Aneignung dieses Buches, nämlich seine Übersetzung ins Lateinische, ging vor sich unter den Augen des größten systematischen Denkers des Mittelalters, des heiligen Doktors, des Thomas von Aquin, und sie hat eine veritable Umwälzung der Staatstheorie nach sich gezogen, wenn auch eine langsame, leise zuerst, in noch unscheinbaren Spuren, bald aber kräftiger und in breiterer Bahn, bis sie aus den gelehrten Stuben und Zirkeln und aus den Büchern hervortrat und vollends »praktisch« geworden ist, so wie es Kurt von Fritz ausspricht. Das ist eine faszinierende Geschichte, bei uns nicht sonderlich bekannt, besser in England und Amerika, aber auch im ganzen noch lange nicht genügend erforscht: die Geschichte des politischen Aristotelismus, die geradewegs in die Geschichte des modernen Verfassungsstaates einmündet. Ich kann sie hier nicht ausbreiten, aber ich wollte doch wenigstens einen kurzen Begriff davon geben, ein paar Merkpunkte bezeichnen, damit wir uns bei Bewußtsein halten, daß es zwischen den beiden Polen unseres Themas, zwischen dem Staat des Aristoteles und dem unseren, nicht nur eine abstrakte begriffliche oder typische Übereinstimmung gibt, sondern eine ganz handgreifliche geschichtliche Beziehung, einen Zusammenhang der Abstammung sozusagen.

Übrigens kann jedermann sich dieses Zusammenhangs mit Leichtigkeit vergewissern, auch wenn er von den Ideen des heiligen Thomas und von denjenigen des amerikanischen Thomas, nämlich Jeffersons, oder des Revolutions- und Menschenrechts-Thomas, nämlich Thomas Paines, gar keine Ahnung hat. Wir brauchen nur einmal die Kern- und Grundwörter unserer eigenen politischen Sprache, das Vokabular unserer Verfassungsbegriffe ans Licht zu halten: Monarchie, Aristokratie, Oligarchie, Demokratie, Tyrannis, Despotie – alle diese Ausdrücke haben wir, haben sämtliche modernen europäischen Sprachen aus dem Buche des Aristoteles übernommen. Aristoteles hat sie zwar nicht geprägt, aber wir haben sie von ihm und von niemand anderem gelernt. Und das ist noch lange nicht alles. Von ihm haben wir den Begriff der »Autarkie«, der wirtschaftlichen Selbstgenügsamkeit eines Staates. Von ihm haben wir den Begriff der »Autonomie«, das heißt der gesetzlichen, auch gesetzgeberischen Selbständigkeit oder Unabhängigkeit eines Staates, was auch wiederum ziemlich genau dem höchst aktuellen Begriff des Selbstbestimmungsrechtes entspricht. Und schließlich und vor allem – das einfachste, vertrauteste, beste und bedeutendste Erbwort nenne ich zuletzt: von ihm, von niemand anderem als von Aristoteles, haben wir und haben sämtliche moderne Sprachen die Wörter »Politik«, »politisch«, ›Politiker‹ selbst. Wann immer wir von Politik reden, wann immer wir das Wort in den Mund nehmen oder wenn es uns von den Lippen geht, ist nicht nur irgendwie antikes, hellenisches Erbe anwesend, sondern buchstäblich Aristoteles, Aristoteles persönlich, und, noch genauer, dieses eine Buch des Aristoteles, die »Politik«. Erst seit der Wiederentdeckung dieses Buches im 13. Jahrhundert sind diese Wörter, in latinisierter Fassung, zuerst in die gelehrte, nachher in die Nationalsprachen eingegangen. Wir sprechen gleichsam mit der Zunge des Aristoteles, sobald wir auch nur den Lebensbereich berühren und kenntlich machen, für den wir gar keinen anderen Namen haben als den aristotelischen: die Politik. Bei allen Wandlungen, welchen der Bedeutungsgehalt dieser Wörter seither unterworfen war, muß doch etwas sich identisch durchgehalten haben, muß doch eine Spur lesbar bleiben, muß doch ein Band oder ein Faden uns mit dem Ursprung verknüpfen: sonst könnten es nicht dieselben Wörter sein! Und wie könnten so gewichtige Wörter unserer Sprache uns gleichgültig sein! Warum sollten wir uns verstocken und verblenden gegen die Sinngehalte, gegen die Bedeutungen, welche sie von langher mit sich führen! Was könnte – modisch geredet – politisch »relevanter« sein, als solcher Spur zu folgen und das Wort »politisch« dort aufzusuchen, wo wir es letzten Endes hergenommen und aufgefaßt haben!

Also bei der Polis. Der Stadt des alten Griechenland. Sie ist der Staat des Aristoteles. Nur sie. Nur die Polis, die autonome, auch einigermaßen autarke Stadt hat Aristoteles als Staat angesehen und gelten lassen, und nichts anderes als sie. Das ist bemerkenswert und höchst merkwürdig zugleich. Jedermann weiß, daß Aristoteles von Stagira, der Schüler Platons und der Akademie, einige Jahre lang zum Erzieher des makedonischen Königssohnes Alexander bestellt war, desselben Alexander, der auf dem Wege der militärischen Eroberung ein Reich, ein großes Reich, ein Großreich geschaffen, Griechenland, Ägypten und das vordere Asien ihm einverleibt hat. Aristoteles war Zeitgenosse und Zeuge dieses phänomenalen, in Griechenland, in Europa unerhörten Vorganges, und nicht nur das, er war, nach Athen zurückgekehrt, eng befreundet mit dem makedonischen Statthalter mit Namen Antipater, er war fast eine Art von Kollaborateur, wurde jedenfalls von seinen athenischen Mitbürgern für einen solchen angesehen und mußte flüchten, als nach Alexanders Tod die Oberherrschaft ins Wanken geriet.

Nach unseren Vorstellungen von »Politik«, von politischer Praxis und von politischer Wissenschaft sollte man denken und erwarten, daß diese ungeheuerliche Erfahrung in einem Buche ihren Niederschlag fände, das der »Politik« gewidmet ist. Aber es findet sich darin keine Erwähnung, nicht die leiseste, fast nichts von Eroberungen, nichts von einem Reich, einem Imperium, daher auch nichts von Imperialismus, nichts von dieser damals modernsten und ihm, dem Autor, doch so genau bekannten »politischen«, quasi-politischen Gestaltung, nichts von dem, was die heutige althistorische Wissenschaft als die neue »Territorial-Monarchie« bezeichnet. Wie einer der bedeutendsten Erforscher des antiken Staates, Viktor Ehrenberg, gesagt hat: »Sicher ist, daß Aristoteles für die neue Territorial-Monarchie kein Verständnis hatte.« Ich meine, man kann diesen verblüffenden, erstaunlichen und zunächst so rätselhaften Umstand sogar noch etwas präziser kennzeichnen: Sicher ist, so möchte ich es ausdrücken, daß Aristoteles diese neue Territorial-Monarchie, dieses Alexander-Reich, obwohl er darüber gewiß sehr gut Bescheid wußte, gar nicht unter die Gegenstände der Politik gerechnet hat. Die Politik handelt von der Polis, darum heißt sie Politik. Eine Territorial-Monarchie, ein Reich ist keine Polis und also auch kein politisches Phänomen, und das heißt zugleich: Ein solches Reich ist gar kein Staat. Darum kann es auch in dem Buche oder in den Vorlesungen – aus welchen dieses Buch großenteils erwachsen ist – gar nicht vorkommen. Das ist nicht Blindheit und nicht Weltfremdheit, auch nicht Antiquiertheit, Rückständigkeit, sondern das ist Genauigkeit, weiter nichts. Das Politische, ta politika, ist das zur Polis Gehörige, auf die Polis Bezügliche. Das Reich Alexanders ist gewiß nicht zur Polis gehörig und nicht auf die Polis bezüglich – außer allenfalls dadurch, daß es die meisten griechischen Städte ihrer Souveränität beraubte, ohne sie im allgemeinen in ihrer inneren Beschaffenheit, wie es scheint, groß anzutasten! –, daher ist es auch nichts Politisches. Kaum etwas, was tatsächlich in diesem Buch vorkommt, kann uns den genauen und strengen Sinn seines Themas so grell und kraß zum Bewußtsein bringen wie diese Erscheinung, die nicht in dem Buche vorkommt, und der Umstand, daß sie nicht darin vorkommt. »Außerhalb der Polis ist kein Staat«, sagt wiederum Viktor Ehrenberg.

Das ist schon schwer zu begreifen. Hat man es aber begriffen, so muß sich unweigerlich Widerspruch erheben gegen die Vergleichung, die mein Thema ankündigt: »Der Staat des Aristoteles und der unsere« – und gegen die Vermutung oder Behauptung, es gebe zwischen diesen beiden Dingen etwas Gemeinsames. Wenn das der Staat des Aristoteles ist, diese Polis, dieses winzige Ding, dieses Liliputgebilde, diese Kleinstadt, diese Gemeinde, gegen die die Stadt Frankfurt ein gigantisches Monstrum darstellt – was soll da vergleichbar, gar gleichartig sein mit einem Großstaat wie dem unseren mit seinen sechzig Millionen oder gar den Vereinigten Staaten von Amerika mit ihren zweihundert Millionen! Athen hatte zur Zeit des Aristoteles eine Gesamtbevölkerung von etwas mehr oder etwas weniger als zweihunderttausend Köpfen, Sparta etwa ebensoviele. Aristoteles war sogar bedenklich gegen die Volkszahl und mochte, wie er sagt (im Siebten Buch, 1326a 10), die Größe eines Staates gar nicht nach der Menge, sondern nach der inneren Kraft bemessen. Wie sollen wir aber, wenn wir seinen Staat und den unseren in Beziehung miteinander setzen, erst vollends über den Umstand hinwegkommen, daß von dieser Bevölkerung nur eine Minderheit das Bürgerrecht besaß, in Athen durchschnittlich etwa der achte Teil, in Sparta, großzügig gerechnet, gar nur der achtzigste Teil! Nur jene – sagen wir – fünfundzwanzigtausend athenischen und jene dreitausend spartanischen Hausherren und Vollbürger machten im eigentlichen Sinne den Staat aus, bildeten miteinander die Polis. Frauen und sonstige Familienangehörige, Beisassen, Fremde und Sklaven hatten im Staat nichts zu melden, gehörten im eigentlichen Sinne gar nicht zum Staat, sondern ins Haus. Und Aristoteles hat dagegen nichts einzuwenden, nichts jedenfalls gegen die gesellschaftlichen Institutionen, die sich da abzeichnen, zumal nichts gegen die Sklaverei, nichts auch gegen die athenischen Proportionen, wohl etwas gegen die spartanischen, aber aus anderen Gründen, nämlich wegen der ungesunden Dauerrüstung und reinen Kriegsverfassung, die dort daraus resultierte.

»Menschenrechte gab es nicht«, sagt barsch und treffend Jacob Burckhardt in seiner »Griechischen Kulturgeschichte«. Was soll uns also der Staat des Aristoteles, was kann er uns bedeuten, da unser Staat, der moderne westliche Verfassungsstaat im allgemeinen, die Bundesrepublik Deutschland im besonderen, eben gerade auf Menschenrechte, gleiche Menschenrechte, Menschengleichheit gebaut, ja geradezu zum Schutz der Menschenrechte bestimmt zu sein scheint, da zum Beispiel unser Grundgesetz gleich im ersten Artikel die Unantastbarkeit der allgemeinsten Menschenwürde statuiert, und da die jüngsten Reformbestrebungen und -bewegungen, nicht nur bei uns, unter dem Namen der Demokratisierung, der Mitbestimmung, der Partizipation auf eine Ausweitung und Konkretisierung von Menschenrechten hinauswollen, ganz zu schweigen von den schwärmerischen Parolen einer totalen Emanzipation, die wir von der sogenannten Neuen Linken mit oder ohne revolutionäre Explosionsprogramme vernehmen.

In der Tat, Menschenrechte gab es nicht. Wohl aber Bürgerrechte. Bürgerrechte sind älter als Menschenrechte. Die Zusammenstellung, Koordinierung, Identifizierung von Bürgerrechten und Menschenrechten ist erst ein Erzeugnis und ein Postulat der großen Revolutionen des 18. Jahrhunderts, der amerikanischen und der französischen: »Droits de l'homme et du citoyen«! Das ist freilich unverlierbar. Hitlers entsetzliches Unternehmen, das rückgängig zu machen, Menschenrecht und Menschengleichheit wieder auszulöschen, sollte uns – wir hoffen es – gefeit haben auch gegen das bloße Gedankenspiel mit irgendeiner Art von Sklaverei. Aber ein Menschenrecht als solches taugt nichts, ist nicht einzufordern und nicht einzulösen ohne Bürgerrecht. Und darum bleibt das Modell eines Staates denkwürdig – und nicht allein denkwürdig, sondern aktuell –, der zum erstenmal in der uns bekannten Geschichte, jedenfalls zum erstenmal mit deutlichem Bewußtsein, in vollkommener theoretischer Klarheit, auf Bürgerrecht und Bürgerschaft gegründet wurde: Das ist die Polis, das ist der Staat des Aristoteles.

Bürgerrecht heißt griechisch »politeia«, aber »politeia« heißt zugleich Bürgerschaft, und »politeia« heißt zugleich Staatsverfassung, wirkliche, lebende staatliche Gesellschaftsordnung: dies alles in einem. »Andres gar polis«, sagt Thukydides mit unvergeßlicher Einfachheit: »Die Männer sind der Staat.« Nicht das Territorium als solches, nicht die Befestigung, nicht die Grenzziehung, nicht irgendwelche Herrschaft macht einen Staat aus, sondern die Bürgerschaft macht den Staat aus. Die Bürger der aristotelischen polis oder politeia, die Freien nämlich, wie beschränkt auch ihre Zahl im Verhältnis zur Gesamtbevölkerung sein mag, die Bürger sind als solche untereinander wesenhaft gleich. Dieser Bereich der Gleichen, der Pairs, dieser Bereich der Bürgerschaft ist nach dem Aristoteles ein herrschaftsfreier Bereich, und ebendieser herrschaftsfreie Bereich, einzig dieser herrschaftsfreie Bereich ist der Staat. Das ist die große Lehre, das große Vermächtnis der Politik des Aristoteles oder doch das bedeutendste Stück davon. Es gibt eine Herrenregierung, sagt er im Dritten Buch (1277a 33) – griechisch: »despotikē archē« –, es gibt eine Herrenregierung und es gibt eine Staatsregierung, »politikē archē« –, und das ist etwas von jeglicher Herrschaft über Knechte Grundverschiedenes: Es ist die Regierung über seinesgleichen und über freie Leute, über Bürger eben. Und von dem guten Bürger heißt es an derselben Stelle (1277b 15), er müsse beides verstehen und beides können, regieren und sich regieren lassen, das mache die Bürgertugend aus, zugleich auch die Tugend des Mannes als solchen.

Das ist die große Lehre, ich wiederhole es, das große Vermächtnis des Aristoteles – und nicht des Platon, nebenbei bemerkt, von dem sein Schüler sich auch in diesem Punkt weit entfernt hat –: daß Staat nicht Herrschaft und Herrschaft nicht Staat ist. Daß der Staat vielmehr die Sache der Gleichen und Freien ist, die, wie er sagt, im Wechsel regieren und sich regieren lassen. Sie tun das aber nicht nach Laune und im Kampfe miteinander, sondern nach vereinbarten Regeln, und sie tun es nicht auf eine willkürliche Weise, sondern nach dem vereinbarten oder überkommenen Gesetz, und sie tun es nicht mit unbestimmten Befugnissen, sondern gemäß dem vereinbarten oder angenommenen System der wohldefinierten Ämter. Das sind aber genau die drei Kernstücke dessen, was wir eine Verfassung nennen: die Prozedurregel für den Wechsel der Regierung, die Gesetzlichkeit und die Ordnung der Ämter oder Staatsgewalten. Der Staat des Aristoteles ist selber schon Verfassungsstaat. Insofern hat der hervorragendste englische Kenner, Übersetzer und Interpret der »Politik« des Aristoteles in unserer Zeit, Sir Ernest Barker, den Kern der Sache getroffen, wenn er auf die Frage, worin das wesentliche Erbe liege, welches dieses Buch dem gemeinsamen Denken Europas überliefert habe, ausdrücklich mit einem einzigen Wort antwortet: »The word is constitutionalism.« Zu deutsch: das Prinzip der Verfassung, der Verfassungsordnung.

Ein mögliches Mißverständnis muß hier jedoch verhütet werden. Wenn wir sagen, der Staat des Aristoteles sei als Verfassungsordnung zu verstehen und nicht als Herrschaftsordnung, daß Staat nicht Herrschaft und Herrschaft nicht Staat sei, so heißt das keineswegs, daß hier jeder zu jeder Zeit dreinreden könne, gar daß in solchem Staat eine allgemeine Harmonie der Wünsche und Bedürfnisse herrsche oder herrschen solle. Im Rate, in der Bürgerversammlung, in der Verwaltung und in der Gerichtsbarkeit werden selbstverständlich Entscheidungen getroffen, Beschlüsse haben den Charakter von Befehlen, denen die Gleichen und Freien zu gehorchen haben, bei Gefahr von Strafen, auch schwersten Strafen, Tod, Verbannung, Konfiskation des Vermögens. Die jeweiligen und zeitweiligen Inhaber dieser anvertrauten Ämter ebenso wie die beschließenden Körperschaften üben auch die ihnen zukommende Befehlsgewalt aus. »Denn das Befehlen ist das besondere Merkmal des Regierens«, sagt Aristoteles (1299a 28).

Verfassung ist nicht Herrschaft, aber der herrschaftsfreie Staat ist darum doch kein politisches Schlaraffenland. Der elementare Irrtum unserer heutigen Emanzipationsschwärmer besteht darin, jeden Befehl, jedes Pflichtgebot, jeden Zwang für ein Zeichen von Herrschaft und für eine Bosheit der Herrschenden (wie sie gerne sagen) zu halten. Herrschaftsfreie Gesellschaft aber, solange sie in den Grenzen des Menschenmöglichen bleibt, ist weder verfassungsfreie noch regierungsfreie Gesellschaft, nichts weniger als eine Insel der Seligen oder ein Hippie-Festival, wo ein jeder nach seinen Neigungen lebt. Demgegenüber ist an dem Satze des Aristoteles festzuhalten, den ich schon angeführt habe: daß es die Tugend des Bürgers wie des Mannes ausmache, beides zu verstehen, zu regieren und sich regieren zu lassen. Es gibt zur herrschaftlichen – griechisch: zur despotischen – Ordnung nur eine einzige Alternative: Das ist nicht die Anarchie, sondern das ist die politische Ordnung, die »politikē archē«, wörtlich die »bürgerliche Regierung«, die Verfassungsordnung.

Das mag wie ein letztes Wort klingen, kann aber nicht unser letztes Wort sein, ist auch nicht das letzte Wort des Aristoteles. Denn gegenüber jenem Modell der Politeia, wo die Bürger im Wechsel regieren und sich regieren lassen, erhebt sich ein neuer und ernster Einwand. Was soll uns das, da wir mit unseren Millionenscharen von Bürgern nicht die mindeste Aussicht haben, wirkliche Selbstregierung auszuüben, weder durch Volksversammlungen noch durch Rotation der Ämterbesetzung. Das mag, so wird man sagen, allenfalls dieser Liliputstaat der Polis zustande bringen, daß sozusagen jeder einmal irgendwie drankommt – daher ja Aristoteles die kühne Definition riskieren konnte, Bürger seien diejenigen, »welche an der Regierung teilhaben« (1275 a 32) –, aber an dergleichen sei doch unter den modernen Bedingungen des Großstaates und der Massengesellschaft überhaupt nicht zu denken, und da zeige sich doch nun erst recht, wie unvergleichbar der Staat des Aristoteles mit dem unseren sei, auch schon der Dimensionen wegen, vollends aber, wenn man bedenke, daß diese aristotelischen freien Bürger die Muße hatten, die »scholē«, sich den öffentlichen Geschäften zu widmen, die heutigen und unsrigen hingegen selber arbeiten müßten, weil sie keine Sklaven hätten, die ihnen das abnehmen. Das ist, mit einem modernen soziologischen Ausdruck (er stammt von Max Weber), das Problem der Abkömmlichkeit. Die mangelnde Abkömmlichkeit, der Mangel der Muße, der Erwerbszwang ist es ja, was das Reservoir so empfindlich beschränkt, aus dem sich zum Beispiel unsere Vertretungskörperschaften aller Arten und Stufen personell ergänzen müssen. Die meisten Leute haben dazu entweder nicht genug Vermögen oder nicht genug Zeit oder beides. Und daher kommt es ja, daß wir uns in den parlamentarischen Verfassungsstaaten in Wahrheit und letzten Endes doch nicht von unseresgleichen regieren lassen können, sondern uns von einer besonderen politischen Klasse regieren lassen müssen, von den Berufsparlamentariern und Berufspolitikern, die zudem dafür bezahlt werden, von uns bezahlt werden, daß sie diesen Dienst versehen, uns zu regieren. Diese Klasse, die ihre eigenen stützenden und unterstützenden Organisationen hat, nämlich die politischen Parteien, rekrutiert sich aus der Gesellschaft oder aus der allgemeinen Bürgerschaft, sondert sich aber doch unvermeidlich von ihr ab, und von einer Rotation in der Ämterbesetzung und Mandatserteilung kann daher bei unserem Staat nicht im entferntesten die Rede sein.

Das ist vollkommen richtig, war aber doch auch dem Aristoteles schon vertraut. Es ist höchst imponierend zu sehen, wenn man in der Lektüre seiner »Politik« weiter vordringt, wie er jene Modellvorstellung vom Bürgerstaat, jene »ideale« Auffassung der Polis, wenn man sie so nennen will, jene Norm jedenfalls von der bürgerlichen Selbstregierung im Wechsel, später korrigiert, modifiziert und spezifiziert aufgrund der Erfahrung und Beobachtung. Der Platoniker in ihm konstruierte den besten Staat schlechthin, der Empiriker Aristoteles aber beobachtet und vergleicht die wirklichen Staaten und Staatsverfassungen, ohne doch sein Ziel aufzugeben, und landet schließlich bei dem bestmöglichen, bei dem besten menschenmöglichen, bei dem gesellschaftlich bestmöglichen Staat und bescheidet sich dabei. Auch er hat die Kirche im Dorf gelassen. Auch zu seiner Zeit und auch in der kleinen Polis nämlich war die Muße schon rar geworden, auch viele freie Bürger mußten für ihren Lebensunterhalt arbeiten und hatten keine Zeit, tagelang in die Versammlung und zum Volksgericht zu gehen. Darum, sagt Aristoteles (im Vierten Buch, 1297a 38), solle man den armen Bürgern einen Sold, eine Vergütung geben, damit sie zur Versammlung gehen können, den reichen Bürgern aber eine Buße auferlegen für den Fall, daß sie diese ihre Pflicht versäumen. Auf diese Weise – von anderen Vorkehrungen jetzt abgesehen – dachte er, die Beteiligung beider Klassen, die allgemeine gesellschaftliche Beteiligung, die allgemeine Mitbestimmung und Mitwirkung an den gemeinsamen Angelegenheiten zu gewährleisten und eine gesunde Mischung, einen Ausgleich oligarchischer und demokratischer Elemente und Tendenzen zu erzielen. So wollte er das Problem der Abkömmlichkeit gelöst wissen, damit es nicht zu einer dauernden Vorherrschaft der Reichen komme, die es sich leisten können zu regieren, weil sie Muße haben, aber auch nicht zu einer dauernden Vorherrschaft der Armen, die sich aus der Staatskasse bedienen und die besseren Leute fernhalten würden.

Zur Ausbildung einer besonderen Klasse von Berufspolitikern hingegen, wie wir sie kennen, hat er nicht geraten, wohl auch nicht raten können und nicht zu raten brauchen; dies blieb wirklich dem modernen Verfassungsstaat, ja erst demjenigen des zwanzigsten Jahrhunderts vorbehalten. Sie sind es, welche unter den heutigen Verhältnissen die eigentliche moderne Oligarchie darstellen, während das demokratische Element in den heutigen Verfassungsstaaten durchgängig vor allem in der Wählerschaft sich darstellt, in der allgemeinen Bürgerschaft, insofern sie als Wählerschaft tätig wird, und zu dieser Staatsfunktion sind wir so ziemlich alle abkömmlich, auch ohne Sold. Ich will damit andeuten, daß die aristotelische Idee der Gemischten Verfassung, nämlich der Mischung von Oligarchie und Demokratie, die er immerhin als die beste erreichbare Verfassung gelten läßt, sich auch in unserem modernen Verfassungsstaat, der nicht durch Bürgerversammlungen, sondern durch gewählte Repräsentativorgane, und nicht durch Rotation der Ämterbesetzung, sondern durch eine bewegliche, in den Parteien organisierte politische Klasse charakterisiert ist, gleichwohl von neuem hergestellt hat. Diese modernen Verfassungsstaaten nennen wir zwar gemeinhin und etwas lässig »Demokratien«, sie sind es aber nicht, darum habe ich zu Anfang vor diesem Begriff gewarnt. Unser moderner Verfassungsstaat ist eine Kombination, eine Verschränkung, eine Mischung von Oligarchie und Demokratie, und das ist nach Aristoteles, auch und sogar nach Aristoteles, der doch so hoch gegriffen hat, dem guten Staat die Verwirklichung der wahren menschlichen Glückseligkeit zuzuschreiben, das Beste, was wir machen können und was wir haben können. Es ist menschen*möglich* und es ist auch menschen*würdig:* »Je besser nun aber die ›politeia‹ [das heißt: die Verfassung – oder auch: die politische Gesellschaftsordnung] gemischt ist, desto dauerhafter ist sie«, heißt es (im Vierten Buch, 1297a 8). Auch das können und sollen wir uns von ihm sagen lassen. Es ist aktuell und es ist, um noch einmal den modischen Ausdruck zu gebrauchen, auch höchst relevant. »Je besser die ›politeia‹ gemischt ist, desto dauerhafter ist sie.« Und noch eines, das letzte: »Es muß immer derjenige Teil des Staates, welcher wünscht, daß die Verfassung bleibe, stärker sein als der, welcher das Gegenteil wünscht« (1296b 16). Das galt für den Staat des Aristoteles und das gilt für den unseren. Das muß man sich gut merken.

Nachweise

Die »Rede über die Stadt« wurde am 16. November 1973 im Rathaus zu Bremen gehalten aus Anlaß der Hundertfünfzig-Jahr-Feier des dortigen Kunstvereins, der die Kunsthalle gegründet hat und unterhält. Deren Leiter, Günter Busch, hatte zu dieser Gelegenheit eine Bilder-Ausstellung zu dem Thema »Die Stadt« eingerichtet. Die Ansprachen dieses Tages sind vom Kunstverein in einer Druckschrift veröffentlicht worden. Die »Rede über die Stadt« ist auch enthalten im Band IV der »Schriften«, der den Titel »Staatsfreundschaft« trägt (Frankfurt, Insel Verlag 1980).

Dasselbe gilt von der Rede »Über den Bürgersinn«. Sie wurde am 24. November 1966 in der Aula der Johann Wolfgang Goethe-Universität zu Frankfurt gehalten, und zwar aus Anlaß des hundertfünfzigjährigen Bestehens der »Polytechnischen Gesellschaft«.

Die Rede »Bürgertum und Bürgerschaft« wurde am 5. Juli 1980 zur Feier des Stadtjubiläums im Neuen Rathaus zu Darmstadt gehalten. Sie ist bisher nur von der Stadtverwaltung als Broschüre publiziert worden.

»Die versunkene Stadt« war ein Beitrag zu dem Gedenkheft, das die Zeitschrift »Merkur« (30. Jg., H. 10, 1976) zu Hannah Arendts siebzigstem Geburtstag – etwa ein Jahr nach ihrem Tode – herausgegeben hat. Eine englische Übersetzung erschien in »Social Research« (Vol. 44, Nr. 1, Spring 1977), der Zeitschrift der New School für Social Research in New York, an der Frau Arendt zuletzt gelehrt hat. Auch dieser Beitrag ist in Band IV der »Schriften« enthalten.

»Antike Züge im Gesicht des modernen Staates« ist ebenfalls in der Zeitschrift »Merkur« zuerst erschienen (35. Jg., H. 9/10, 1981). Der Essay fußt auf dem Beitrag zu einem Colloquium über das Thema »Der moderne Staat«, welches das »Institut International de Philosophie Politique« im Sommer 1981 in Florenz veranstaltet hat. Der englische Originaltext erschien 1984 in der Zeitschrift »History of European Ideas« (Vol. 5, Nr. 3).

Der Vortrag über »Die Stadt und das Reich in der Verfassungslehre des Marsilius von Padua« wurde am 6. Dezember 1980 in einer Sitzung der »Wissenschaftlichen Gesellschaft an der Johann Wolfgang Goethe-Universität zu Frankfurt« gehalten und, vermehrt um reichliche Anmerkungen und Erläuterungen, in deren Sitzungsberichten (Band XVIII, Nr. 3) zuerst veröffentlicht (Wiesbaden 1981).

»Der Staat des Aristoteles und der unsere« wurde 1972 in der Aula des Frankfurter Lessing-Gymnasiums vorgetragen, auf Einladung der Gesellschaft der Freunde dieser Schule. Im Druck erschien die Rede in der »Neuen Rundschau« (Jg. 84, H. 2, 1973), dann wieder in Band IV der »Schriften«.

Von Dolf Sternberger
erschienen im Suhrkamp Verlag

Figuren der Fabel. Essays. 1950. 214 S. Ln.
»Ich wünschte ein Bürger zu sein«. Neun Versuche über den Staat. 1967. 192 S. *edition suhrkamp* Band 224
Panorama oder Ansichten vom 19. Jahrhundert. 1974. 226 S. *suhrkamp taschenbuch* Band 179
Heinrich Heine und die Abschaffung der Sünde. Mit einem Nachtrag. 1975. 428 S. *suhrkamp taschenbuch* Band 308
Über den Tod. 1981. 270 S. *suhrkamp taschenbuch* Band 719
Drei Wurzeln der Politik. 1984. 444 S. *suhrkamp taschenbuch* Band 1032

im Insel Verlag

Schriften
Band I: Über den Tod
Band II: Drei Wurzeln der Politik. 2 Bände
Band III: Herrschaft und Vereinbarung
Band IV: Staatsfreundschaft
Band V: Panorama oder Ansichten vom 19. Jahrhundert
Band VI: Vexierbilder des Menschen
Gefühl der Fremde. 1958. 176 S. Ln.
Staatsfreundschaft. Rede zur Hundertjahrfeier der Sozialdemokratischen Partei Deutschlands. 1963. 32 S. Kt.
Über Jugendstil. Mit farbigen Abbildungen. 1977. 122 S. *insel taschenbuch* Band 274

55/1/8.84

Suhrkamp Taschenbücher Materialien

55/2/8.84